U0942225
金庸與倪匡
II
沈西城 著

序

七、八十年代，香港經濟騰飛，本人從事的電影業固然興旺，每個週末午夜場，場場爆滿！而香港文壇亦不遑多讓。期刊、報紙專欄、單行本小說，各擅勝場，令人眼花繚亂，讀者各有追捧之偶像，那正是香港繁花似錦的年代。

在香港眾多寫作者中，不用諱言，金庸和倪匡必定是最受歡迎的明。金庸主政《明報》時期，他每天必親自執筆之「社評」，我是篇篇皆讀，而他所撰寫的連載武俠小說，則上至商賈、學者，下至販夫走卒，皆每天追閱，讀者無數。記得連每週將連載的武俠小說合併成一本薄薄的小書，也被搶購一空！

倪匡則能寫不同類型的文章，電影劇本固然炙手可熱，本人也曾請他撰寫過一個電影劇本，可惜未能拍攝成電影。他創作最成功的小說，必然是《衛斯理》系列，倪匡想像力極豐富，天馬行空，情節佈局之巧妙，令人讚嘆！我和倪匡較諗熟，經常見面，他為人詼諧幽默，常常用半鹹淡的廣東話，爆出駭人「金句」，看似「無厘頭」卻又深含哲理，令人拜服！

金庸接觸不多，在我當香港電影金像獎主席時，曾邀請他來頒「最佳編劇獎」，電話有傾談過，見面時，我尊稱他為我們電影行之前輩（因我知他曾在長城電影公司任編劇，和人合導了一部《黃老虎搶親》）。他聽了似乎很高興。回家時對太太May說：吳思遠是個好人！（May親口向我轉述）我在台上介紹金庸出

場時說：「世界上有華人的地方，就有他的讀者」全場一片掌聲，這句話在近日紀念金庸「俠之大者」活動時常被人引用。

說到今日對金庸、倪匡兩位文壇巨匠認識之深，則非沈西城兄莫屬，他入行早，涉獵多，與一班南下文人皆有交情，加上他記憶力驚人，當年一些饒有趣味的瑣事，在他生花妙筆之下，更是活龍活現。如今創作力極強之沈西成兄作品《金庸與倪匡II》出版了，肯定可讀性甚高，特向各位讀者朋友推介，是爲序。

吳思遠

序

一百多年來，香港由一個偏僻的小漁村發展爲亞洲四小龍之一，再成長爲國際金融、貿易、航運中心。在1997年回歸之前一段歲月，相當部份港人對香港產生一種「借來的時間、借來的地方」的感覺，彌漫「最緊要搵食」的觀念，寄情聲色犬馬，因而香港一度被指稱爲「文化沙漠」。幸而，香港有金庸、倪匡、黃霑、蔡瀾「四大才子」及吳思遠、沈西城等一代又一代的文化界、演藝界代表人物，以非凡的才華、堅强的毅力「挽狂瀾於既倒，扶大厦於將傾」，令源遠流長的中華文化在香港這個華洋雜處之地結出奇花異果，可謂功德無量！

如今，在吳思遠大導演支持下，大作家沈西城的新作《金庸與倪匡II》出版。因沈先生與金庸、倪匡份屬多年好友，相交相知，書中憶述金庸、倪匡的生平片斷，令廣大讀者對兩位香港最傑出的小說家、評論家如何由「平凡」到「偉大」，有一個「知其然而知其所以然」的了解，至少「管中窺豹，可見一斑」！沈西城的新作文筆保持了通俗流暢，而充滿詩情畫意的一貫作風，可謂洛陽紙貴，一卷風行！一國兩制的香港處於社會主義制度與資本主義制度、東方文明與西方文明的交滙處，正如咸淡水交界處漁類資源特別豐富的原理一樣，香港應當有條件吸收、融合兩種制度、兩種文明的長處、優點，產生更多的金庸、倪匡一類的文化巨人，令東方之珠的香港更加璀璨奪目！

承老友沈西城囑，特作序。

榮休全國政協
委員一帶一路發展銀行籌備組顧問
劉夢熊博士
2024年11月2日

序

八十年代初，利文出版了《金庸與倪匡》，銷路出奇地好，老闆葉鴻輝即時要我出續集，因工作事忙拖延。一拖四十年，如今金、倪二先生已先後修文之召，我亦進入暮年。兩年前倪老哥仙逝，哀傷逾恆，一連寫了多篇哀悼文章，聊作紀念。朋友勸我，不妨把多年來寫作過的金庸、倪匡文章，彙爲一冊，一作紀念，二也爲承傳。

有一點要作說明的，亦正因爲文章發表的日期不同，刊載的

刊物衆多，文章內容或有些許重疊之處，這點還請我的讀者原諒。

這主意好，於是便有了《金庸與倪匡II》，幾十篇文章，達二百餘頁，我重復提筆，修正補遺，一氣呵成。相距四十年，我覺自家文章稍有變化，變得精簡易讀，我的讀者當有此感受。

在此處寫書多年，對拙作少有期望，這一本《金庸與倪匡II》是一個例外，以爲還可以一看，希望讀者能認同。

甲辰年中秋節日

西城記於隨緣軒

20X20=400

金庸倪匡（小）序言

八十年代初，新文出版了「金庸與倪匡」，銷路出奇地好。老闆沈登恩先生出鏡告，聯想單純推出。一晃四十年，如今金、倪二君亦老，修文王子，新無出入意年：兩年前倪某所撰，再書錄選讀。一連寫多篇長評文章，那時沒寫，唯有加我，至於相多年前曾寫過的金庸：倪匡文章，實屬有一冊，一冊作紀念，二也是我作書，述思念的，然先行在序內先寫：倪匡說，凡十日為文章，應達二百字篇，我在後接序，

NO.

應立一定時代的報紙的十年，而有豐富學文筆

有素，變得對新聞易讀，報紙的混亂本報名牌

報新聞之路。

寫寫字年，對於作這方面新聞，這一本書，

有幸作為一個媒體，編輯記者能否擔任之？

甲辰年中秋節日

西泠 陳杞綿解

金庸、倪匡合照於壯年。二人都正值創作力最旺盛時。

金庸、倪匡合照於晚年。兩位巨匠都放下筆桿，在文壇取得莫大成就。兩人身後的是金庸愛將阿樂。

倪匡、沈西城相識多年，兩人有如兄弟般友好。

序　吳思遠　002
序　劉夢熊　005
自序　沈西城　008

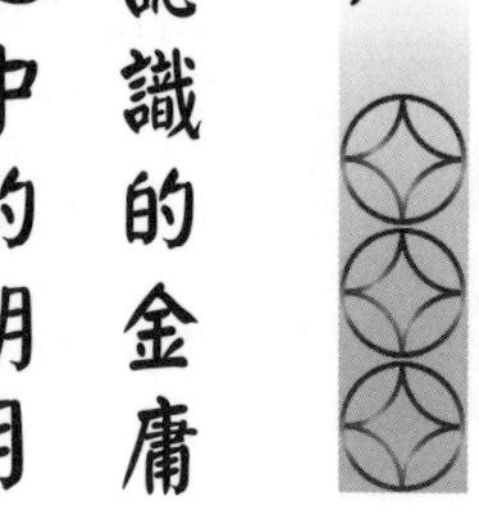

金庸篇

我所認識的金庸　020
金庸心中的明月　026

金庸被騙了 032
金庸的老朋友們 036
金庸譯作遍天下 098
冷眼看金庸 122
搶發金庸小說——追念金庸去世一周年 140
金庸的背後 146
金庸就是金庸 154
四大才子自何來？ 158
金庸與倪匡的異同 164

倪匡篇

智者倪匡——三種蠢人 172
配額用光了 178
倪匡教我永世難忘 186
他是一個快活人——回憶倪匡 192
倪匡的三個書房 196
倪匡不為人知的一面 202
倪匡戒煙、酒傳奇 208

倪匡曾進軍內地？ 214

高手過招 倪匡VS何錦玲 220

倪匡遨遊星際 226

研讀衛斯理 232

巫術誌異 238

鄉愁是一盞燈——追憶古劍 242

情色三大家 248

富作家與窮作家 252

臥龍生不如倪匡 256

淺說金、梁、倪三大家 262

倪匡，愛你，也恨你！ 266

金庸篇

我所認識的金庸

翻閱舊資料，方知認識金庸已近半世紀，可見面不超過十次，有事找我，往往託人捎一字條過來，負責傳遞的，多是寫怪論的哈公、副刊編輯蔡炎培，甚或《明報月刊》黃俊東。哈公倚老賣老：「細路，三點上來編輯部，老查有一封信給你。」如奉綸音，三腳併兩步，直奔南康大廈頂樓明報編輯部。接過一個信封，順便敲竹槓，聯同黃俊東到對面吉祥冰室喝咖啡，作東的不是哈公，就是俊東，我從沒有結過帳，所以嘛，年輕可撿便宜。

第一趟見到金庸，是在一九七五年，地點是中環於仁行「翠園」（今已拆卸），中日反霸權（反蘇聯）那年鬧得很兇，《明報》中國版副主編毛國昆特意搞了一個中日反霸權會議，廣邀各日本駐港特派員參加，有《讀賣新

聞》的本池滋夫、《朝日新聞》的近藤、《東京新聞》的花梏、《每日新聞》的林慧兒。除本池外，餘者都不諳國語，於是要我這個洋涇浜日語充任傳譯，因爲酬勞不菲，爲妻女計，死充專家。《明報》方面列席者除金庸外，還有中國現代文學權威、日本通司馬長風先生、翻譯大家汪際先生，都是我心儀已久的偶像，今次黃金機會能識荊，心情興奮，自不待言。五點鐘開會，司馬長風、汪際一早到場，金庸晚了五分鐘到埗，進門一鞠躬，向日本朋友頻說「對不起，我遲到了！」太客氣，反搞得日本嘉賓有點不好意思起來。座談會，我任卽時傳譯，並不稱職，幸有司馬大哥旁邊幫襯，才度過難關。

說說金庸吧，眼前的中年漢子，跟我心底裏描摹的形象可謂南轅北轍，想像中的金庸嘛，是一個高高瘦瘦，戴着金邊眼鏡，身上散發出書卷味道的中年文士，近在咫尺的卻是一個身形微胖漢子，不獨跟文采風流全然不沾邊，看來活生生的近似一個生意人。那一天穿着一襲鐵灰西裝、縐巴巴的白襯衣，

領角微微翹起，脖子上的領帶歪歪斜斜的，沒結好，還有他那對黑皮鞋，哈哈，你看了眞的不會相信自己的眼睛，滿佈灰塵，簡直已變成灰皮鞋。我不禁懷疑這是否我一直崇拜的查先生？可明明聽着毛國昆介紹「沈西城，這是查先生！」哪會錯！

節省時間，座談會立刻開始。先由金庸發言，糟糕，結結巴巴，上海廣東話難聽：「今日多謝各位百忙中抽空參加這個會議，我十分感謝，請你你們隨便發言，謝謝各位！」口齒絕不靈活，簡直佶屈聱牙，聽得人爲他着緊。唉，既來之則安之，金庸講兩句，我就翻譯兩句，遇到難處，有司馬大俠拔刀相助，感激涕零。整個座談會，發言最多的，日本方面是本池，《明報》方面是司馬長風，主持金庸臉露微笑，成了聽衆。

座談會之後，我得孫大姐（農婦）介紹入《大任》週刊當編輯，老總孫寶毅搞名人特輯，由我負責採訪，第一個對象就是金庸。我跟攝影記者朱漢

新跑到渣甸山拜訪金庸，金庸住所是一棟三層別墅，入門處一個花園，植滿花草，乏人打理，有些凋殘。我跟小朱隨住女傭步上二樓金庸書房。書房教人眼界大開，面積足有一千尺，鋪着藍色地毯，恍如海洋。四壁是攀到天花板頂端的書架，擺滿各式各樣書籍，我湊近略爲一看，其中大部頭的書就有《古今圖書集成》、《點校24史》、一百巨集的《大藏經》、《涵芬樓藏書》等等，除了文、史書籍外，音樂、舞蹈、電影、武術和圍棋的書都不少。角落是一張寫字枱，枱上、地下都跌滿書。

未幾，金庸走了進來，一見我，便說「沈先生，我們見過面了！」我謙遜地道明來意，金庸慌忙擺手：「不要說訪問，我們隨便談談！」急驚風小朱搶着問：「金庸先生，你爲甚麼麼會寫起武俠小說來的？」金庸笑道：「是寫來玩的，想不到會一直寫下去！」

金庸寫武俠小說，很多人都說是羅孚先生請他寫的，實際情況並非如此。

首先想到請人寫武俠小說的是金堯如先生，看到濠江吳、陳比武轟動一時，就委託羅孚找報館內的人去寫武俠小說，起先是梁羽生，後來又加上金庸，因此，新派武俠小說可以說是羅與金兩先生共同推行起來的。金庸起先真的是寫來玩玩，《書劍恩仇錄》受狂捧，興致來了，欲罷不能，便一部接一部地寫下去，於是塑造了郭靖、黃蓉、楊過、小龍女、令狐沖、韋小寶這等人盡皆知的小說人物。那天談得很愉快，訪問後來發表在《大任》週刊，這可說是最早的一篇金庸訪問記。（註：訪問可參考拙著《鴻雁光影》一書）

重晤金庸，已是七八年間的事了，那年，我代表《佳視》東京拜訪松本清張，洽談推理劇場的版權，談興正濃時，講到港、日文化，特別推薦金庸，松本聽了金庸的情況，很驚訝說「想不到香港也有這樣的作家！」順手就將自己的作品簽了名，讓我帶給金庸。回到香港，走上《明報》編輯部，親自把松本清張的著作遞交給金庸，非常歡喜，說「松本先生的大名我早已聽過，

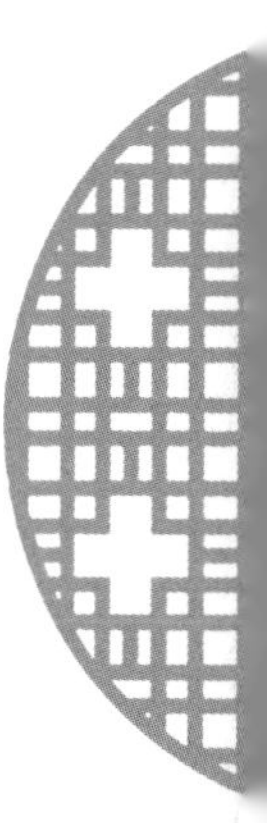

也是他的讀者，想不到，他會贈我書。」禮尚往來，送上小說全集，寄交松本，兩大作家隔空成了朋友。

不是往自己臉上貼金，我在《明報》轄下各刊物寫稿，卻不曾在《明報》上班。倪匡代我向金庸說項謀一職位，金庸認爲我是一隻頑猴，有才氣，坐不牢，寫稿是最佳選擇。哈公也聽過類似說法，轉告於我，感到蠻高興，大作家認定小弟弟有寫作才能，直是我的光榮啊！還有一次，《明報》月刊總編輯胡菊人給傅朝樞拉去《中報》當老總，月刊編輯部頓成眞空。一日下午，我上月刊交稿，遇到金庸，走過來握住我的手：「小葉，多謝你支持，以後要多些寫文章呀！」順手倒了一杯熱茶遞給我。這杯茶一直把我跟《明報》刊物緊緊繫着，一繫半世紀！

金庸心中的明月

陶傑說上世紀最好的月刊是《明報月刊》，這不是過譽，而是事實。我跟《明月》有點淵源，既是它的讀者，也是它的作者，當年《明月》作家陣容中，我是渺小的小小輩。

《明月》創刊於一九六六年，有關它的發軔流傳着兩個說法。一說是一班海外學者以夏志清教授領頭鼓勵金庸出版的，棲居海外的華裔學者，除洋書外，無法讀到高水準中文刊物，因此希望眾學者看重的《明報》社長金庸能擔負起這個責任，提供精神營養。金庸納其言，出版《明月》。其二是當年《明報》副刊上出現了不少學術性文章，見解精闢，意義深遠，卻不合一般讀者口味，棄之可惜，金庸就想到辦一本月刊來承載，讓學者有發表鴻文

的地盤。零六年金庸夫子自道，說當年出版《明月》主要是和文革對着幹。三種因素並存，相輔相成，成就了《明月》。

《明月》創刊時，編輯部設於禮頓道一幢舊式大廈，創業維艱，金庸自任總編輯，大教授許冠三、大作家司馬長風襄助，構成「三頭馬車」，而編輯亦僅二人，便是克亮（黃俊東）和阿樂（王世瑜）。重用許冠三，意旨明顯，乃是宣示《明月》走的是較高檔的學術路線。在這感召下，四方八面投來的文章自然都是學術水平高的文章，用詞專門，文筆艱澀，不好閱讀。辦了幾期，讀者投訴聲音紛至沓來，要求改革。金庸一向民主，參照過讀者意見後，認爲不無道理，與許冠三商議，希望能多容納非學術性文章，許冠三並不同意。兩頭馬車意見相左，教授掛冠而去。司馬長風、王世瑜也因稿事、工作繁忙，不克兼顧，引身而退。金庸只好單挑保帥，一邊物色適當人選。

那時候，胡菊人是「美國新聞處」編輯，雅好寫作，常有文章在《中國

學生週報》上發表，金庸看過後，認爲胡菊人有才情，就請他來編《明月》。胡菊人是一個苦學成材的學者型作家，前後出任過《大學雜誌》老總、《中國學生週報》社長，編輯雜誌，經驗豐富。金庸禮賢下士，請他主編「月刊」，正是慧眼識菊人！胡菊人接手《明月》，採漸進式改革，保留許冠三路線，選登一些學術性文章外，盡量刊載知識、趣味性兼備的文章，同時也顧及了當時中國大陸的政治與國際形勢。於是《明月》便從一本純學術性的月刊，搖身一變成爲綜合性的高水平讀物，正好符合金庸創辦「月刊」的原則。後來，金庸索性放下編務，統由胡菊人一人總攬其成，而《明月》也就一紙風行了十多年。

在胡菊人跟編輯黃俊東兩人的努力底下，《明月》作家陣容日益龐大，細細點算，便有司馬長風、牟宗三、牟潤孫、丁望跟徐東濱，他們或以政治家立場，通過學術觀點批判中、英政制；或以學者身份，駁斥中共所倡行的

《明報月刊》創刊號。創刊執筆陣有金庸、蔡保田、司馬長風、蔣夢麟、羅爾綱等。

唯物辯證哲學。其時，中國正處閉關，消息不𨗴，不少海外學者和讀者都得依靠《明月》來瞭解大陸情況，因而銷路大增。八〇年台灣傅朝樞先生（註：〇二年去世）來港辦報，聘胡菊人出任《中報》總編輯，胡菊人應承了，非爲厚酬而是着眼理想。金庸幾經挽留不果，只好含淚斬馬謖，在「海城」酒樓設宴，送贈「勞力士」金錶以誌紀念，從此胡壯士一去兮不復返。胡菊人離任後，《明月》老總一職懸空（後由董橋出任），金庸暫掌編務。一天下午我上去交稿，巧遇金庸，一把拉住我，誠懇地說：「小葉！謝謝你的支持，以後請多寫稿。」說罷，親手倒了一杯茶，遞在我手上，我焉能不感動，稿寫得更勤！

《明月》在七十年代聲名遠播，日本學術界、新聞界都予看重。七五年，我的日本朋友相浦杲教授在港任「港大」客座教授，央我帶他參觀《明月》編輯部，當他看到「月刊」只有胡菊人、黃俊東兩個編輯時（註：《明月》

共有兩個半編輯，胡、黃外，尚有詩人蔡炎培，兼負校對編務，因係兼職性質，故曰半），那瞪眼如桂圓、吐舌回不轉的驚訝表情，迄今仍留我腦海。後來我好奇問他相若的月刊，在日本要用多少編輯？相浦教授想也不想就回答「至少二十人吧！」咦！《明月》豈非以一敵十？以兩人半之力，辦出這樣一本出類拔萃的刊物，豈能不佩服金庸、胡菊人、黃俊東耶！

金庸被騙了

金庸精練一世，察事洞明，卻也有陰溝翻船的一日，懵懂受騙，有人膽大行虎山，瞞欺了好幾期稿費。友人北京茶本，素喜收集舊書翻新，朋友有殘書，交他料理，例不收費，不到一月，新書寄來，跟舊版了無差異，遂被譽爲書聖。茶本人好，有陋習，輒喜雞蛋殼裏挑骨頭，大凡書本，雜誌中，可找到渣滓者，必揮筆戳之，惟文字温厚，不傷脾胃，不害人心，正所謂謔而不虐。近日又有新發現，洋洋灑灑著文述端詳。且讓我來當一回文抄公吧！

機緣巧合地看到幾本零散的《武俠與歷史》，竟然發現，有一部古龍的作品在《武俠與歷史》上比《絕代雙驕》捷足先登。我看到的兩期，分別是第225期（一九六五年二月廿六日）和第228期（一九六五年三月十九日）

並不連貫。就是從這第225期開始連載了一部署名「龍鳴」的《神劍嬌花》，一看作者署名，從未見過，毫無印象，也就沒注意，但我看書有個缺點……甚麼都看，有字就看，於是就發現了《神劍嬌花》這個煤球。故事一開始……就感到和《浣花洗劍錄》很像，簡單一對比，發現除了把原著的青鶴柳松給改名成灰鶴楊柏，正文竟也沒有別的變化。當然，章回名可能不一樣，我對比的版本，《浣花洗劍錄》的第一章，是「一劍動江湖」，而《神劍嬌花》的第一章，名字是「兇殘霸道，學武何爲？」隨後書中在濟南的「雙十一」那天，出現了清平劍客白三空、雙環趙士鴻，但是白三空被改爲黃一實、趙士鴻被改爲錢士農。你細品，作者的態度可是很認眞的啊！明顯抄襲古龍名著《浣花洗劍錄》。

編輯發現了，借來遮醜布，刊出啟事——「本刊第225期刊載之《神劍嬌花》小說，經查悉係舊稿重投，茲特停刊。編者失察之處，謹向讀者致歉。」

眞相半白，疑點是龍鳴君到底是誰？而我最感興趣倒是金庸到底四期被詐若干？（註：這個問題怕沒有人能回答了。）

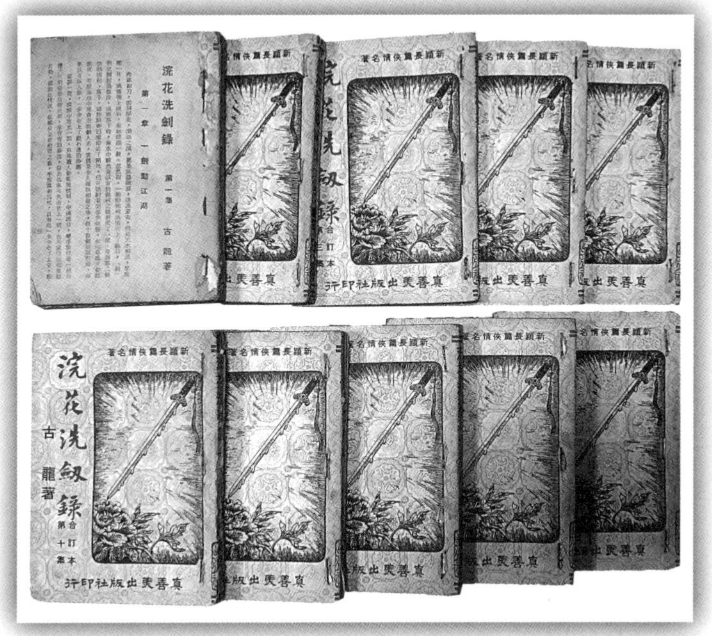

古龍《浣花洗劍錄》合訂本，全十冊，一九七八年刊，台灣眞善美出版。

每月三期 武俠与歷史 逢一出版

第六期 一九六〇年三月一日出版

關於武俠小說的幾個問題（四續）……宜孫
太極四要訣・讀者來書……
神龍俠丐（短篇武俠創作）……鄭昌
黃花山傳奇（長篇歷史小說）……
龍鳳緣（激烈打鬥短篇）……米高
梁紅玉擊鼓戰金山（歷史戰役素描）……斯君
長街夜戰……何奇
眞假新娘（精選武俠短篇）……
白無敵（俠義故事）……
大義滅徒（武林軼聞）……
羣雄聚會劉家莊（碧血情鴛）……羅天
大俠胡一刀的兒子（飛狐外傳）……宜孫

港幣八角 零售每冊
出版者：武史出版社
督印人：沈仲森
編輯者：武史出版社編輯部
承印者：朗文印務公司
總代理：
封面設計：
封面彩印：良友印刷廠

《武俠與歷史》第 6 期，一九六〇年刊。每月三刊，逢周一出版。早期以《飛孤外傳（大俠胡一刀的兒子）》爲主力，作者署名爲「宜孫」。執筆陣包括羅天、鄭昌、何奇等。

金庸的老朋友們

金庸成名後，朋友遍四海，可他念情，常說：「朋友還是舊的好。」舊朋友眾矣，文化界的、新聞界的、電影圈的、商界的，數之不盡。其間有往來不多的，也有常晤面的，這裏不妨數說一下金庸恆常往來的文化界朋友們吧！

（一）倪匡

不少人寫過金庸，除了倪匡外，都不精準貼切，原因之一是他木訥，不如倪匡風趣。既木訥又不風趣，趣事自不多，寫者難捉摸，豈能傳神？可世事並不盡然，金庸也有佻脫的一面，比方他請人寫稿，怕人不應允，有時也會奇招迭出，在下便曾領教過。

有回他請我替佛教雜誌《內明》譯稿，怕我拒絕，便先給我捎來一信。金庸寫信有一定格式：先把要求的事列成幾點，不管收信的人輩份，信末必以弟自稱作結。所列幾點包括稿件性質，怕我小心眼，擔心稿費，聲明稿費由弟負責。接到這樣的一封信，你還能拒絕不？

金庸為甚麼會替《內明》雜誌拉稿子？這裏不能不閒扯一筆。《內明》是一本佛經雜誌，主編沈九成是金庸好朋友，金庸本身篤佛，常跟沈九成過從論佛，尤其長子傳俠在哥倫比亞大學宿舍遇事後，更醉心於佛經的研究，聽說《內明》的經費部份是由金庸負責的，難怪拉稿如此熱心。金庸鐵肩負道義，對作者稿費如此一力擔承，你們一定以為金庸對稿費不會計較，如此想，謬之極矣！這裏所謂稿費，是指金庸付與作家而言，非是人家付與金庸。事實上香港怕沒有人能請得動金庸寫稿，大作家的稿費怎算？雖有準則，這又如何請法？聽說《蘋果日報》創刊，老闆黎智英想請金庸賜助，開出稿費驚人，仍然撼動不了

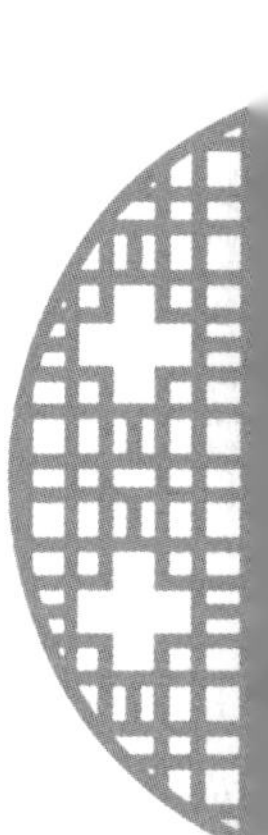

金庸的意志：「萬分對不起，恕難從命。」

《明報》銷量高，老闆賺大錢，可稿費一向不高，至少比不上《東方》和《成報》。大約七九年吧，三蘇介紹我去《東方》寫小說，訂明寫三個月連載，每天七百五十字，稿費一千大元；我在明報翻譯推理小說，每天八百字，稿費僅六百五十元，比《東方》多五十字，少三百五十元。我沒提過抗議，怕丟飯碗。倪匡兄妹、林妹妹燕妮，才高氣壯，狠向膽邊生，齊向金庸發功抗議，電話、信件齊飛，要求加稿費。叵耐金庸總是左推右擋，以武當太極卸勁化去倪氏兄妹、林妹妹少林金剛掌猛攻，氣得倪匡等人半死。

如何化解？且聽石貝女士（前明報編輯，專責檢查文章工作）的說法吧——「林燕妮叫金庸加稿費，金庸笑眯眯說：『你那麼愛花錢，加了又花掉，不加。』」亦舒也鬧騰，依然笑眯眯地說：『你都不花錢的，加了稿費有甚麼用？』亦舒氣不過，在專欄裏罵金庸，還是笑眯眯：『罵可以罵，稿照登，稿

費則一概不加。』」

絕呀！眞絕呀！給老查弄得沒辦法，趁住一趟宴會，帶着幾分酒意，倪匡在一衆作家面前，大聲疾呼要求金庸加稿費。「查良鏞！你賺了這麼多的錢，也應該加加稿費了吧！」倪匡聲如洪鐘，猛似下山虎。信心未具，滿以爲金庸會一口拒絕。金庸吃吃笑：「倪匡兄！好好，我加！」一場風波遂息。事後稿費眞的加了，加多少？百分之五，聊勝於無。

倪匡不滿，打電話嘮叨，金庸拗他不過，於是施展殺手鐧：「好啦好啦！倪匡兄！不要吵了，我給你寫信。」金庸用近乎哀求的語調說。一聽老查寫信，倪匡險些兒暈過去，嘆曰：「我命休矣！」何以有此輕嘆？原來論口才，金庸萬萬敵不過倪匡，講到寫信擺道理，倪匡絕非對手，起碼差了一大截。倪匡一向怕寫信，一字千哪！寫信白寫，沒錢拿，只有傻瓜才做，獨有金庸這天下一等一的傻瓜，偏偏喜歡寫信。倪匡說過從來不曾見過有一個像查良鏞那麼喜歡

寫信的人。好一個金庸，坐言起行，過兩天覆信到了，倪匡拆開看，附有條文十幾條，不是訴說報館開銷大，便是經濟如何不景，唯有節約。最後是：吾兄要加稿費，勢必引起連鎖反應，處理不易。意即謂你加，別人也要加，這筆開銷不輕，如何得了？望兄鑑諒。直把倪匡看得心酸難熬，涕淚交零，最終棄械投降，不再提加稿費。難怪倪匡要說「我雖然蠱惑精靈，卻鬥不過老查，他是老奸巨猾。」金庸真的是老奸巨猾嗎？當然是倪匡開他玩笑。倪匡真的鬥不過金庸嗎？這又未必，有時候金庸會給倪匡弄得哭笑不得呢！

倪匡常去金庸家閒聊，有一次，看見金庸客廳放着一個茶杯，精緻清雅，拿起來把玩，金庸告訴他這是明代古董，很值錢。倪匡開玩笑問：「送給我好不？」金庸笑笑說：「好，你喜歡拿去好了。」這時候剛好女傭來催吃飯，倪匡順手把茶杯擱置一旁。飯畢，倪匡起身告辭，遍找茶杯不獲，便問金庸茶杯何在？金庸若無其事地笑着回答：「我收起來了！」倪匡爲之氣結，卻又莫奈

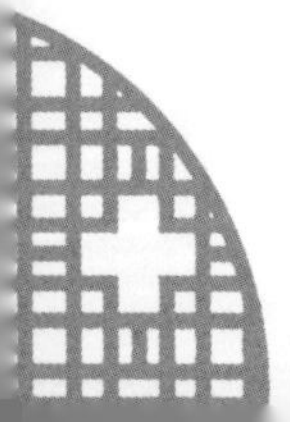

它何，只好怏怏回家，心底怨着：「老查，算你道行高！」過了幾天，倪匡又作客金庸家，這回看中一本清朝線裝書，央金庸讓給他。金庸同樣笑笑說：「好呀！你喜歡拿去便是。」倪匡一聽，立即鞠躬致謝，捧起書，開門就走。金庸忙攔在門口：「倪匡兄，快吃飯了，你去哪裏？」倪匡想也不想，回答：「你們先吃，我回去把書放好，回來再吃。」旁邊的人聽了無不捧腹大笑。事後，倪匡解釋曰：「金庸並非吝嗇，總是喜歡耍我，或者我是特別好玩吧！」由是一路以來倪匡在《明報》的稿費並不太高，比起《東方》、《清新》、《翡翠》大有不如。倪匡常自歎曰：「跟查良鏞太熟，老朋友嘛，有時反而不好說話！」一向是清兵、勇字當頭的亦舒，比胞兄倪匡更橫蠻，在專欄裏揮筆直罵金庸刻薄天下爬格子動物，用詞刁鑽辛辣，胞兄也搖頭：「唉唉！我這個妹妹呀，就是這個性子！」

面對如斯剛猛攻勢，查大俠氣定神閑，不變應萬變，以靜制動，輕施卸勁，

把亦舒降得服服貼貼，到升任政府高官，月入十萬，仍乖乖地化個「伊莎貝」筆名留在《明報》寫稿費不如理想的「小文」。本港文化界裏，倪氏兄妹以糾纏老闆加稿費聞名，居然都給金庸弄得服服貼貼、俯首稱臣，你說金庸的本領有多大？因而木蝨雖惡，遇上糯米，一經黏住，也是變不出甚麼戲法來的。金庸嘛，正是專治倪氏兄妹這兩隻調皮木蝨的糯米。

許多人說金庸吝嗇，其實非也，他只是深諳節省之道，不像大喇喇的倪匡亂花錢，也不會富而後驕，他是應用則用，對待朋友有時也很慷慨，這一點倪匡體驗至深，倪匡有甚麼困難，金庸都會幫忙，等錢用嘛，金庸會預支版稅，這是倪匡跟《明報》出版部職員吳志標（吳志標乃通天老倌，明報所有職位，除老總外，他幾乎全做過）親口說的。倪匡預支《衛斯理》版稅，非小數目，通常都逾十萬之數，七、八十年代，天文數字耳。金庸從來沒有一趟皺過眉頭，偶然會帶點勸告口吻對倪匡說：「倪匡兄，錢不要亂用呀！」左耳入右耳出，

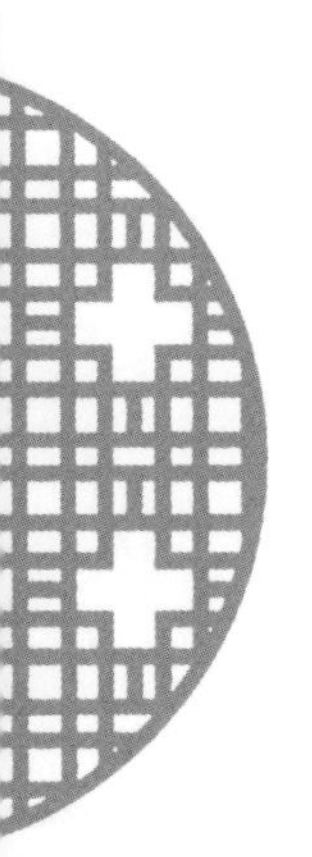

搗蛋鬼倪匡從不聽勸。一趟倪匡又問金庸預支版稅。金庸回道：「好好！等我查查看，明天答覆你。」翌日回電：「倪匡兄，閣下的《衛斯理》版稅，照出版部同事說，已預支到後年十二月了。」換言之即無版稅可收，以爲會知難而退，好個倪匡，臉不紅，氣不喘，立即說：「老查，格樣勿，儂先調畢我，好勿好？」金庸察情度勢，難捨倪大作家，唯有照辦。難怪倪匡這樣說：「老查是一流的好朋友，卻是最吝嗇的九流老闆。」金庸辦報發了大財，倪匡是他的老朋友，他可沒有義務一定要這樣的照料倪匡，現今世界的人，勢利現實，像金庸那樣對待朋友，並不多見。

還有一個上海老鄉戴文祺，某年除夕，身無分文，眼看過不了年，人急智生，跑上《明報》找金庸，期期艾艾，語不對題。金庸心水清，知其來意，和顏悅色地說：「文祺兄！我格得剛剛有兩萬塊，儂先掏去用！」事後，戴文祺豎起大拇指向我說：「查老闆，講義氣，是天下第一等好人！」

（二）插畫好友

（A）王司馬

金庸愛才，更不忌才，有才華的人，在《明報》工作都會受到另眼相看。這裏舉個例子，《明報》人才輩出，已故漫畫家王司馬就是金庸最珍惜的人。王司馬進《明報》工作時，還未成名。我跟王司馬很有淵源，大約在一九六七年，我投稿《明燈日報》「日日小說叢」版，替我配圖的正是王司馬，筆名力恆，生動傳神，小說添彩。王司馬進《明報》後，工作勤奮，表現出色，金庸鑾喜歡他，喜歡還喜歡，插畫費一直沒加過，依然是三百大元一個月。

某天，他遇到倪匡，忍不住在倪大哥面前發了一點兒牢騷，倪匡昂首挺胸答應替他去說項。王司馬善良怕事，急忙阻止。倪匡朗聲說：「拍啥！老查不加我加！」豪氣干雲，王司馬再不好攔他。

在宴席上，倪匡見到金庸，問：「查良鏞！王司馬的漫畫嶄勿嶄？（「嶄」

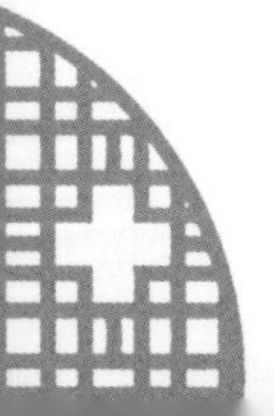

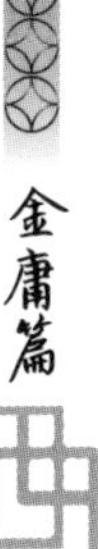

是滬語，即「頂呱呱」的意思。）

「嶄，交關嶄！」金庸豎起大拇指。

「應不應該加稿費？」倪匡引金庸進入正題。

「應該！」金庸想也不想便回答

「你可知道他只有三百塊一個月嗎？」倪匡說。

「吓！這麼少？不行不行！」金庸頓足嚷：「那他想加多少？」

「一千五百元！」倪匡想也不想便說。

「甚麼？」金庸有點猶豫：「這……這多一點了吧！」心想：要命！一加，五倍哪！

「那你可以加多少？」倪匡瞇着眼鏡背後的小眼睛。

「嗯——」金庸想了想：「一千兩百元吧！」

「謝謝儂，謝謝儂！」倪匡脫帽致敬。

王司馬的漫畫《牛仔與契爺》最爲香港人認識，而他爲金庸小說繪畫的插畫亦深受金迷喜愛。

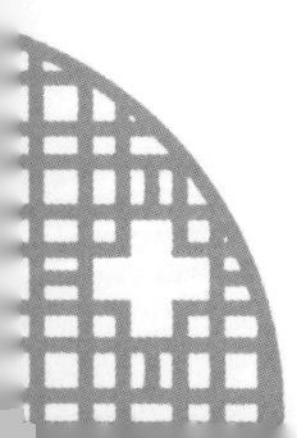

原來王司馬的本意只要加到五百元，現能有一千二百元，倪匡如何能不彎腰道謝。（老查老查！你終於上我當了，嘻嘻！）這一回回目正是「小倪匡計取老金庸」。金庸後來知道了，不以爲忤，笑笑說：「一千二百塊能買王司馬的畫，太便宜了！」可見金庸是多麼愛才！金庸很鍾愛王司馬，稱彼是《明報》裏最英俊的男人，這是不爭的事實。王司馬端正方圓，舉止儒雅，說話和氣，禮儀周周，對着他，辛辣的哈公也發不出脾氣來。他喜歡跟我們一班人（黃俊東、哈公、麥中成、陳東和我）在「吉祥」喝下午茶。

某日說起壽命，王司馬洋洋自得地說：「我算活多啦，跟我一道從澳門來的兩位好友，陽壽不過四十便走了。我今年四十二喇，哈哈哈！」哈公善相，聞言大驚失色，喊道：「王司馬呀！王司馬！此話不能亂說，要折壽的。」翌年，病骨癌，英年早逝。金庸悲痛莫名，流下了男兒淚，擔負起一切殮費，並親臨執拂。金庸喜歡王司馬，請他爲《金庸作品集》插畫。昔日在報上連載時，

插畫的是雲君（原名姜雲行，七十年代後，移民去了。）線條硬朗，古意洋溢，深爲讀者所喜，時人云：「金庸小說、雲君插圖，天下無雙。」直是最眞確的評語。王司馬配圖，線條優美，描摹女人，婀娜多姿，刻畫男人，氣勢略欠。

（B）李志清

九十年代後，金庸小說進軍日本。出版商德間書店特聘繪畫《三國志》的李志清插圖。志清畫技明顯在王司馬之上，男女主角在他陰陽兼並的線條下，表現得血肉俱全，栩栩如生，不遜雲君。李志清篤實敦厚，跟金庸並不稔熟，見面不外幾趟，印象中，金庸不善言語，溫文有禮，異常客氣，予創作以絕對自由，從不過問內容、過程。近年李志清的畫，行情看俏，各地博物館爭相收藏，香港金庸館就藏有他不少人物畫像。

李志清繪畫金庸作品漫畫版，授權至日本、韓國等地出版。當年以月刊形式推出單行本，兼顧質素及速度，拼命作畫，卻令身體吃不消。

(C) 培新

你有看過《女黑俠木蘭花》嗎？倪匡的傑作，小說好看，封面更吸引。繪者正是名聞香港的培新。培新姓董，早年專爲《新報》旗下出版的小說、刊物插圖，技藝直迫雲君，容或過之，我最喜歡。不過，培新從未爲金庸小說插過圖，原因何在？原來六七十年代，香港報壇競爭激烈，尤以《新報》、《明報》爲然，你不讓，我不退，拼過死活。舉個例子吧！《明報》有金庸武俠小說，羅斌就讓台灣臥龍生易名金童撰《仙鶴神針》對壘，以「庸」與「童」音近。羅斌打人情牌，綁死培新，不讓他爲別的報紙，尤其是《明報》工作，培新遂成爲羅斌的專屬品，動不得也哥哥。

近年退休的培新鳥倦知還，偶自加國歸，多與相聚。培新告我一直喜歡金庸小說，也曾有意爲他配圖，已有前賢，事未能成，惟心不死，商諸金庸，直道意欲繪其筆下人物。覆曰「歡迎之至，早有此意。」畫思大盛，一幅一幅氣勢磅礴的金庸筆下人物圖出現諸君眼前，迷盡天下金迷。雲君、王司馬、李志清、

培新爲倪匡的《女黑俠木蘭花》繪畫封面，木蘭花的造型後來直接沿用至電影上，堪稱經典。

董培新等名家都爲金庸小說繪過畫，你們喜歡哪一個？我嘛，哈！買過關子，暫不告訴你們！

（三）王世瑜

王世瑜（阿樂）是金庸最喜歡的人，六十年代王世瑜已在《明報》工作。老臣子戴茂生說，王世瑜初入《明報》，只是個微不足道的信差，可這個信差，套句廣東話，乃是話頭醒尾，兼且做事勤力的小伙子，加上口舌便給，活落靈巧，深得老鄉金庸歡心，很快便由信差升爲校對、助理編輯、編輯、而到最後，金庸更命王世瑜出任《華人夜報》總編輯，升職之快，在《明報》堪稱史無前例。（詳情見拙著《金庸逸事》的〈誰是韋小寶？〉篇章）

（四）林山木

除了王世瑜，金庸還相中林山木。林山木在《明報》起初只是在資料室任

阿樂（王世瑜）話頭醒尾，能一個打十個，堪稱全能，是金庸心目中的愛將。

由左起：阿樂（王世瑜）、金庸、沈寶新，三人難得合照。

職。金庸賞識他的才能，鼓勵他到英國念書，學成歸來立刻請他出任《明報晚報》副總編輯。後來總編輯潘粵生去星加坡辦《新明日報》，林山木獲升任老總。林山木是潮州人，有潮州人的固有狠勁，辦報方針不同於潘粵生，有常人不敢想像的思維和衝勁，《明晚》就在他的衝勁底下，銷路節節上升，恰値股市狂潮，買股票等如買馬，講究貼士，《明晚》如同馬經，專門向股友提供貼士，作隔天預測：滙豐會升多少，購入爲宜、和記下挫，理宜拋出。股友就根據提示買賣。所作預測，多能億則屢中，《明晚》成爲股友明燈，銷路焉能不好！《明報晚報》這張全港獨一無二的經濟報紙，遂成爲一紙風行的晚報，銷路好幾萬，傲視群雄。

爲甚麼林山木會得到這麼多準確貼士呢？原來七十年代股票市場裏的許多大戶像李嘉誠、廖烈文等，都是潮州人，跟林山木可謂同聲同氣。林山木氣宇軒昂，風度翩翩，口齒便給，又是《明晚》老總，大戶都願意跟他來往。

酒足飯飽，聊起翌日股市，自然會說出個人觀點，林山木默記在心，第二天一早趕回報館寫成文章發表。《明晚》通常在下午一點左右出紙，股友看到林山木的提示，仍可趕上下午的交易，因而有段時間，全港股友都把《明晚》奉爲圭臬。也許你會問爲甚麼那些大戶會自願向林山木提供內幕消息呢？很簡單，就像騎師或練馬師對寫馬經的提供貼士一樣，旨在宣傳造勢。想一隻股升，最好的方法莫如能在事前通過傳媒，製造消息，那麼股票必然會上升，這是先利己後利人的做法。

《明晚》銷路好，林山木憑藉關係，在股票市場上賺了一大筆，見獵心喜，便想到自己辦報。暗中籌備，計畫出紙一大張，內容以經濟爲主，副刊只佔半版。他跟太太駱友梅兩人負起編輯工作，再添編輯一人、校對二名和一個記者便成局，支出既有限，加以跟上流社會交情深厚，取得一手資料自不成問題。編輯相中了「中國版」的毛國昆。林山木起異心這件事，正好體

現出金庸的寬宏大量和聰慧黠智。一切準備妥當，林山木便向金庸攤牌。金庸早已聽到風聲，沉着氣道：「山木兄！我給你看一樣東西。」打開抽屜，取出一信，讓林山木看。寫信的正是毛國昆。原來毛一早已向金庸舉報林山木的異心。金庸如何肯失去這個難得人才，千方百計挽留：「我希望山木兄只是一時想法，同事這麼久了，我衷心希望你能留下來，條件方面，我們可以好好商量。」無論怎麼說，可也留不住山木外向之心，於是《信報》創刊了。《明晚》這張全港獨一無二，銷路好幾萬的經濟報紙，在《信報》發行後，銷路才逐漸跌下來。到潘粵生接手時，銷路僅二萬餘份。許多人都罵林山木忘恩負義，金庸不獨沒生氣，反替林山木辯護：「人望高處，水望低流呀！林山木有這麼好的成就，我也高興。」嗣後，在許多宴會場合，金庸都會跟林山木碰頭，定必趨前握手，客氣的稱呼他做「林先生」而絕無一般老闆的習氣，大喇喇的叫「山木山木」。

（五）胡菊人

明報旗下良將如雲，胡菊人是其一。胡菊人是廣東順德人，苦學成功，先後當過《大學生活》社長及主編、《中國學生週報》社長。金庸一早便留意他。《明報月刊》初創，內容晦澀深奥，學術味濃，曲高和寡，讀者不喜，銷路平平。在商言商，金庸商諸總編輯許冠三，要求調整內容不獲同意，冠三一怒，掛冠而去，只好另覓人選。茫茫文海，何人最合？金庸立刻就想到了胡菊人。《明月》高水準刊物也，胡菊人欣然應聘。

六八年起，《明月》編輯權落入胡菊人手中，視之爲親生兒子，事必躬親。夙夜匪懈，勤於編務，其時住在鰂魚涌中興大廈，到南康大廈《明月》編輯部徒步只需十五分鐘，當心血來潮之際，不管時已夜深，都會披上外衣，回編輯部看稿件，甚至摸黑走入版房看大樣。黃俊東擔心，勸他：「菊人兄！不要這樣，三更半夜走夜路，遇上劫匪便糟了！」你猜胡菊人怎樣回答？兩

聲乾咳：「怕甚麼？我身上又沒東西給他們搶，大不了把這塊老爺錶拿去！」胡老總大抵不明白遇到賊匪，最怕是沒東西給他們搶，怒從心起，手起刀落，性命堪虞。黃俊東當然沒有把最壞的後果告訴他，即便說出來，怕也動搖不了菊人的心意，仍然暗行夜路，用他那智慧的燈，照亮知識寶庫——《明月》。金庸從同事口中得悉其事，也曾力勸，哪會聽？依然故我。

八一年《明報》發生了一樁驚天大事，《明月》總編輯胡菊人離職跟台灣報人傅朝樞一同創立《中報》。消息傳出，震動報壇，不貳之臣胡菊人也會離巢而去？衆人議論紛紛。傅朝樞原爲台灣報人，在台灣報界立不住腳，將資金移來香港，準備大展拳腳，有人從中扯線（據聞係名學者徐復觀），介紹菊人與他相識，一見如故。傅朝樞請胡菊人當《中報》總編輯，初時不爲所動，經不起言辭懇切的遊說，終於首肯。胡菊人誼母農婦曾勸彼三思而行，沒聽，毅然向金庸呈辭。金庸問可有想清楚？回說：「想清楚了，希望

《胡菊人良友專欄文選》，二〇二四年五月，初文出版社。

查先生無論如何給我一個機會。」語氣堅定不移。金庸多方挽留無效，迫於無奈，只好讓愛將離去。

爲了酬謝胡菊人十三年來的辛勤服務，金庸特地在尖沙咀「海城酒樓」設宴歡送，撫肩勉勵殷殷，即席贈與「勞力士」金錶，場面感人。後來菊人失意《中報》，金庸知道後，萬分惋惜，不時向農婦詢問彼之近況。胡菊人離《明月》，爲求加強人手，曾暗地裏積極拉攏《明報》編輯部人員，只是網羅手法近乎迂腐。他對人說：「你老幫幫忙，目前我們很艱苦，只要度過難關，光明就在望。現在香港報界，烏煙瘴氣，我們有責任和義務撥亂歸正。薪水方面，可以酌量加一點。」加多少？聽着——「二千加二百。」一動不如一靜，好人才俱不爲所動。不過《明報》當時軍心頗爲動搖，幸賴金庸處變不驚，穩定大局。查太林樂怡女士告我，胡菊人離《明月》前，將新一期的稿件悉數捲走，存稿不足應付下一期的出版。金庸挑燈夜書，以一人之力，

填補空缺。新一期《明月》順利出版，水準無損。金庸事後沒半點怪責菊人，還人前人後盛讚他是一個好編輯。胡菊人的是一流編輯，離開後，立竿見影，《明月》銷路一直下滑。聞戰鼓而思良將，金庸午夜夢迴，當忘不了胡菊人。

（六）哈公

金庸無數朋友當中，跟我投緣的有倪匡和哈公。哈公原名許國，以寫怪論稱譽於時，足可媲美三蘇。其人硬朗倔強，正直不阿，文筆鋒利，言辭不遜，賺得無數讀者追看，卻引來不少權貴抗議，有違《明報》準則。金庸雖倡言論自由，尊重文人，偶亦不得不提筆稍作刪削。某趟潘粵生削去哈公的一塊心頭肉，勃然大怒，立即罷寫。怪論一日不出，讀者抗議信函、電話不絕，要求編輯部作出交代。編輯部應付不了，以操刀者乃老總，無力交涉，只好下意上呈。茲事體大，金庸無奈，親自偕潘粵生向哈公解釋，好話說盡，

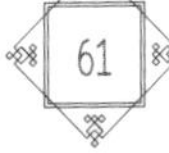

只是許國不肯服軟，堅決罷寫。

金庸最後施展絕招，柔聲道：「許國兄！我倆是多年『長城』哥兒了，這個臉你總得給我吧！」一提「長城」，想起當年兩人微時，相對伏案，振筆直寫劇本，種種心酸，盡湧心頭，哈公素來服軟不服硬，至此已軟大半，噙着淚，伸手跟金庸一握，怒火化爲輕煙，卽晚提筆上陣，洋洋灑灑，痛快淋漓。於是尖酸辛辣的怪論明日又見報。哈公硬，金庸軟，遇有事時，柔指功出，哈公無不乖乖就範，罷寫風潮遂息。

獨有一趟柔指功不靈光。某夕哈公跟我在吉祥冰室渴咖啡，看他臉似玄壇，兩眉高翹，知必有事端。果也，未及開口問，哈公已拍枱，怒道：「老查眞不是東西，要辭退我，明說嘛，何必如斯齷齪，背後耍手段？」啥事體？那麼火？老好人黃俊東在旁做好做歹相勸：「哈公，有話慢慢講，小心血壓。」（哈公患高血壓）俊東懂養生之道，道風山石屋兩椽，植有不少花草，

其中桂花飄香，醉人心扉。哈公彈眼碌睛，大聲道：「我怎能不發火？他媽的……」（下刪十六字）隨即道出原委。

原來金庸要勵精圖治，改革明報，特委ＴＶＢ鄭君略出任明報經理，第一步要革新的，正是哈公主管的出版部「明窗」。這無疑是捋哈公龍鬚，這還了得！長期以來，哈公坐鎮「明窗」，他說一沒人說二，正是一人之下萬人之上，天哪！如今空降鄭君略到來「明窗」，事前沒打一聲招呼，豈非瞧我老許不起，要我捲鋪蓋嗎？難怪哈公生氣。俊東是出名的好好先生，勸道：「查先生這樣做，必然有他的計較——」言猶未已，哈公已嚷起來：「計他的頭，要踢走我這個老頭子才眞！」俊東嘆了口氣，不再言語。

哈公跟金庸有過命的交情，早年同事「長城」，朝夕相對。金庸辦《明報》，哈工二話不說，趕來助陣，幾十年老兄弟，如此不給臉面？生氣必矣！我跟俊東勸了老半天，也下不了哈公的脾性，只好請吃他最鍾愛的公司三文

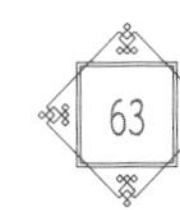

治加黑咖啡，消氣。

怒氣沖沖，二佛升天的哈公，終讓金庸施軟功給撫平了，仍留「明報」，可已存異心，無復昔日那般勤奮矣。有人曾跟金庸提起這件事，金庸搖搖頭，回說：「許國兄誤會了，我是一心想把公司企業化，搞好公司福利，他不懂。」其實這就是新、舊觀點的分歧。結果哈公興起組織「作家協會」的念頭，旨在爲作家謀福利，向老闆爭取稿費，商諸一向以加稿費爲己任的倪匡，滿以爲一定舉腳贊成，豈料所得答覆竟是：「哈公！那萬萬使不得，老闆講實際，重功利，除非作家有份量，不然絕不肯加一個子兒。」倪匡實話實說，香港盛行自由市場，有供有求，哈公聽得觸心筋，不納倪匡言，勉力從之。出師未捷，患癌病逝，時維公元一九八七年六月十五日，享年五十四，可謂英年早逝。

倪匡是智者，說作家要爭取稿費並不容易，誠至理名言。試問時至今日，

《哈公怪論》，一九八一年，龍門文化事業出版社。董橋序，封面設計爲王司馬。

紀念哈公特輯

別了，哈公
——哈公病喪日程

五月十日晚 腰腫、尿道阻塞，入住廣華醫院單人病房。
五月廿一日 病性好轉，返回北角寓所繼續治療。
六月一日晚 全身疼痛，再入廣華醫院急診，出現神志錯亂現象。
六月三日 昏迷，轉入深切治療病房，實行搶救措施，輸氧輸液。
六月十三日 併發肺炎引致呼吸困難。
六月十五日 凌晨三時半，呼吸停止，醫院向哈公夫人發出死亡通知。
六月十六日 香港十二家日報刊登解放月報關於哈公病逝的新聞稿。
六月十八日 組成倪匡爲主委的九十四人治喪委員會。
六月十九日 治喪會訃告刊於五家大報。
六月二十日 設靈堂於北角殯儀館，共計祭拜人數三百九十一人，花圈一百二十個，輓聯六十二對。
六月廿二日 十時半大殮，公祭，由李默司儀、金鏞讀祭文、倪匡致悼詞，瞻仰遺容，十一時由倪匡、梁永燊、胡菊人、許行、劉千石、林保華、胡志偉、李谷城扶靈出殯，十一時半於火葬場行告別禮，十二時東方之珠酒樓設答謝宴。

聞

解放月報社長、著名專欄作家許子賓又名許國（筆名哈公）先生，不幸於西元一九八七年六月十五日上午三時，病逝廣華醫院，積閏享壽五十七歲，奉移香港殯儀館。定於六月二十日（星期六）下午二時至十時、六月二十一日（星期日）上午十時至下午十時，在該館設靈弔奠。六月二十二日（星期一）上午十時半大殮，十一時辭靈出殯，運柩往哥連臣角火化安葬。謹此訃

哈公治喪委員會

主任委員：倪 匡

副主任委員：（姓氏筆劃爲序）
胡菊人 韋建邦 梁永燊 黃炎光 曾恩波 羅 威 羅德丞
鄺蔭泉

委員：（姓氏筆劃爲序）
卜少夫 王敬羲 毛孟靜 尸張東夫 冉茂芹 白韻琴 江 毅
江素惠 沙 田 伍鉞庭 何冠昌 何家驊 岳 華 沈葦窗
李 怡 李 勇 李 默 李谷城 李南雄 李繼天 李翰祥
李積錚 周 石 周宗奇 金 鏞 招鴻鈞 林保華 胡志偉
俞淵若 俞劍飛 馬 建 馬 龍 韋基舜 夏 婕 翁松燃
翁靈文 徐東濱 徐達文 梅挺秀 許 行 許第萬 黃 民
黃文桂 黃仲鳴 黃孟甫 黃得基 黃國華 黃毓民 陳江南
陳冠華 陳蝶衣 陳燿南 梁 樹 張文達 張五常 張健波
喻舲居 童月娟 馮漢樹 董 橋 曾慧燕 辜 健 尊 子
劉千石 劉迺強 劉松飛 葉逸芳 葉鴻輝 寒山碧 廖光生
蔣明祥 樓子春 鄭宇碩 鄭赤琰 鄧文光 鄧煌輝 黎廷瑤
戴 天 謝中侯 謝登堡 談錫永 韓中旋 譚仲夏 鄺海劍

紀念哈公特輯

紀念哈公特輯

哈公一九八六年夏在紐約中文報界座談會上。

與其革命，不如不革命；
與其不革命，不如寫怪論。

哈公：〈謝謝各位的掌聲論〉
一九八四年六月八日

前言：一個時代的結束

·金 鏞

本報在哈公逝世的第三日，曾發出約稿信致哈公生前友好，信中寫道：「一代怪論大師、尊敬的朋友哈公辭世仙去，令我們痛感愴感無依，哈公忠於社會正義的敢言精神及創辦本報的辛勞，將永遠銘記在同人心中。」

在半個月內，我們收到了幾十篇追念哈公的文稿，包括哈公親人、生前友好及各界人士與讀者，謹選編這個特輯，以表我們道華和哈公有緣的人們，對他的敬意和懷念。

特輯可以看出哈公的生平、志向、為人和文事成就，有從未公開過的照片、文字資料和評論分析，但值得注意的應該還是哈公的怪論。

哈公怪論的產生，有它特定的條件。一方面是中國大陸面臨一個新的轉變期，香港則面臨九七前景的巨大陰影，另一方面是哈公個人的條件：

一、年過半百，身經戰爭、動亂，有豐富的人生經驗；
二、曾在左派機構工作多年，對中共的政策和作風有深切感受；
三、受過良好的中文教育，喜愛和從事過多年影劇工作，多才多藝；
四、個性豪爽，敢作敢為，嫉惡如仇；
五、熟悉廣東風土人情。

縱觀今日香港文壇，具備這些條件的作家，實在罕見，而隨着九七逼近，時代條件的變化，更難孕育這種獨特的怪論作家，因此，在做完這個特輯時，我們可以說：

哈公怪論是一代香港文化的特殊產品，隨着哈公的逝去，這個怪論的時代也就宣告結束，而時間將會顯示哈公數百萬字的怪論，是香港文化新聞史上一筆獨放異彩的遺產。

哈公離開「明報」，另行出版《解放月報》，然而於半年後離世。《解放月報》於第 7 期（一九八七年七月）製作紀念哈公特輯。

能跟報館老闆講斤頭的作家能有幾人？

（七）董千里

《明報》眾多作家當中，論文筆，董千里可謂數一數二。金庸誇他「遒詞麗藻，不同凡手。」敬他三分。

某趟，金庸出差，臨行前託倪匡代寫《天龍八部》。倪匡一聽，心心花怒放，心想：「老查可看得我起呀！嘻嘻！」一派賊頭狗腦。豈料聽得下半句，整個人掉進了冰窖。「倪匡兄！謝謝儂拔刀相助，我大可以安心去辦事體咯。你——」金庸頓了頓：「寫好之後，頂好撥老董再看看！」老董者，即董千里也。本是好心提示，聽在年少氣盛倪匡的耳朵裏，滿不是味兒。（啥個事體？我寫個物事要撥（給）老董看看？觸伊啦！要勿是我的文章比不上老董？）名作家倪匡氣難平。

金庸為啥要這麼地伏一筆？他素知倪匡才情卓越，腦筋活落，只是性急輕率，忙中便有錯，不如老董精細穩當。這是知人善用呀，可倪匡不領情，總想糊弄金庸一下，終於弄瞎阿紫雙目，消消火。

董千里浙江鎮海人，倪匡同鄉，長金庸三歲，出身上海《申報》，乃史量才麾下要員，名門之後。金庸重門第，量珠聘用，倚重有加。五十年代後來港，成為專欄名家，寫歷史小說（成吉思汗），撰小品（項莊舞劍），俱有特色，尤以政論，猶如一把利刃，直插對手心窩，筆鋒之利，之辣，絕不遜魯迅。金庸遂奉為「文膽」，《明報》社論部份出自老董之手。說真的，這一點倪匡實不如董千里。

董千里長臉孔，鷹鼻隼目，平日不拘言笑，在《明報》報館內偶然碰見，叫一聲「董先生」，也只是略略點頭，便擦身而過。老董不好相處呀！《明報》中人眾口一詞，不敢與彼打交道。余生有幸，跟董千里前後打過兩次交道。一

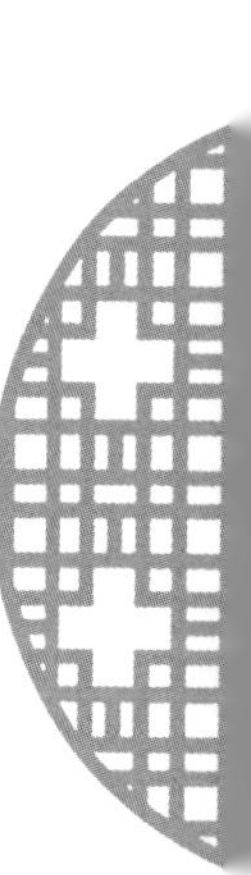

次在「吉祥」碰到，主動趨前請教寫作之道。滿以爲會碰個大釘子，熱面孔貼冷屁股，豈料西天出太陽，抬手示意我坐下，還爲我叫了杯熱騰騰的咖啡。唷！暖在心中口難開。他隨口教我多看一些五四時代作家的文章，尤其是梁實秋，林語堂和周作人——「除非儂要搭人家打筆戰，才看魯迅，格嘸樣儂會紅，可太辛辣，勿夠沖和，容易招禍，何必呢！所以頂好多看梁、林、周等三大家。林語堂幽默，梁實秋凝練，周作人博學，開卷有益，格三家看通，文章便好哉！」銘記心中，得益無窮。

第二回在報館，下午時分，董千里匆匆回來視事，碰巧我跑上《明月》交稿，碰個正着。我說董先生我看了梁實秋、周作人：「交關嶄！」他很高興，豎起大拇指誇我，拍了我一下肩：「小開，用功哦！」我應了一聲好。董千里正欲迴身走，我一把攔住：「董先生，你跟金庸常見面嗎？」董千里沉吟了一下：「可以這樣說，多在報館裏，私交只限於查府沙蟹局。」滿以爲冷面董千

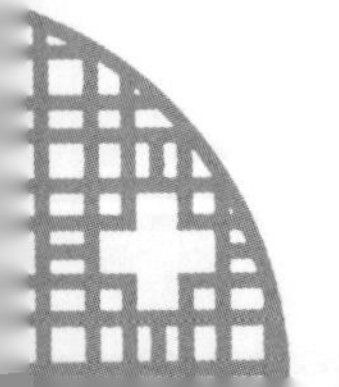

里是高手，原來只稍勝倪匡半籌，大出我意料之外。

九十年代中，我重遇方龍驤，董千里是他嫡親表哥，但少來往——「我這位表哥喜歡古典文學，聽聽戲，冷冰冰，勿大歡喜跟人來往，一年三百六十五日，看不上一面。」龍驤告我董千里命好，無疾而終，香港報界，自此少了一根健筆。

（八）雷坡

金庸手下猛將如雲，王世瑜以外，不得不提偎紅樓主雷坡。且說《明報》銷路穩步上揚，爲爭讀者支持，遂效法《星島》系報紙，在星期日加送一張副刊，便是《明報周刊》的前身。出版了一段時期，很受歡迎，金庸銳意改革，請編劇、導演陳銅民（陳可辛之父）主編，版樣方面也由三十二開改爲十六開，具備了後期《明報周刊》的雛形，頁數雖薄，內容比前增加，更受讀者歡迎。

金庸是知識份子，卻具胡雪巖的儒商本質，做生意的本領不比眞正商人差，見周刊大有可爲，決心大事擴張。這時，陳銅民要去搞電影，下堂求去。金庸便叫大弟子潘粵生當老總，將十六開改爲八開，頁數增厚，再不隨報紙附送，而是每份定價五角。喂！千萬別看輕這五角，那時報紙一份售一角，五角非小事，太貴矣！《明報》上下編輯咸表反對，以其一向送慣了，突然要讀者付錢，未必有銷路。一份周刊花費五角，又怎能跟報紙競爭？金庸獨排衆議，道：「各位同寅，我們可以多加一些彩色，內容方面嘛，嗯——可走一些較適合家庭婦女們看的軟性文章路線，我看呀，銷路不會差到哪兒去！」老闆旣這麼說，自然再沒有人提反對。潘粵生主編《明報周刊》的時間不長，《明報》要發展星馬市場，決定在新加坡創刊《新明日報》，金庸爲股董之一，潘粵生外調到星加坡主理《新明日報》編務。

大將一走，總得有人替代，《明報》娛樂版主編假紅樓主雷坡走馬上任。

潘粵生時期的《明報周刊》銷路平平無奇，不致虧本，也無錢可賺，正是食之無味棄之可惜，誠雞肋也。

雷坡，原名雷煒坡，出身於左派《晶報》，跟隨香港第一主筆陳霞子學藝，盡得所傳。初編娛樂版時，已以標題標奇立異，獨步報界。接手後，力求銷路，要編輯不斷創新，過於嚴格，原來的編輯無法應付，紛紛離巢。雷坡處變不驚，不加挽留，改以清一色女編輯、女記者應付突變局面。《明周》在雷坡的精心策劃底下，銷路狂飆，尤其是揭「香港小姐何秀汶情書」那篇文章，哄動香港，《明周》一下子增加了好幾萬。何秀汶是誰？怕大家已無印象，她就是人稱「阿叻」陳伯祥的舊女友。那時阿叻還未成名，跟朋友組織了一隊樂隊在夜總會表演，他是標準的花花公子，女友無數，何秀汶只是他其中的一個女友，那篇情書據說是何寫給他的。何秀汶甜美活潑，體態撩人，以我看來，無線後期選出的香港小姐，除李嘉欣外，沒一個及得上她。

《明周》靠何秀汶刺激起銷路後，雷坡雄心勃起，千方百計發掘內幕新聞，他放下老總尊嚴，四出奔走，主動聯絡電影、電視男女明星、藝員，禮賢下士，訴諸情感，這套睦鄰外交政策，收到預期效果，許多男女明星藝員都吃這一套，當雷坡是知己，有甚麼心事都率先向他傾訴，由是《明周》每期必有秘聞揭露（皆屬正面報道）。六七十年代，報上雖有娛樂版可供刊登消息，版位金貴，不能暢所欲言。周刊不同矣，可鉅細無遺地發表，因而一般男女明星藝員都願意把自己的秘密說給雷坡聽，登在周刊以廣宣傳，正是一家便宜兩家着，各受其惠。秘聞滿刊，《明周》又怎會不暢銷呢！於是鈔票「麥克麥克」地滾來，金庸笑口常開。

說到編周刊，雷坡實是天下第一高手，他最要家的就是「標題」。標題者何？吃新聞行業飯的都懂得，卻不代表人人都懂得標。「標題」是一項學問，易學難精。標得好，可收牡丹綠葉之妙，反之，則白天鵝變糟鴨子。所以有人

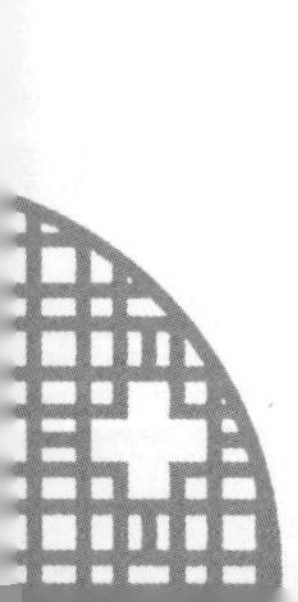

說「『標題』標得精，壞句變妙篇；標得糟，珍珠成沙子。」別以爲沒有這種編輯，那年代的周刊裏面，正有這樣的一位女編輯，點金成石，嗚呼哀哉！雷坡大不同，一篇內容空洞的文章一經他「標題」，哇哇！立刻燦然生色，光彩耀目。雷坡尤擅封面標題，許多《明周》讀者這就是受了封面標題吸引，掏腰包買周刊的。

一九七三年，《明周》又逢新契機。是年七月，功夫巨星李小龍猝逝，消息傳出，轟動全球。《明周》藉此時機，再攀高峰。雷波立刻動用手上所有人力、物力，四出蒐集資料，訪問跟李小龍相熟的人士，再經得體剪裁，吸引了無數讀者。週日出版，不到一個上午已告售罄。再版發行，暢銷依舊。自此，《明報周刊》這四個字，長印讀者心頭，雄霸周刊界數十年而不衰。

工作過勞，雷坡累倒，健康漸衰，有傳患上ＴＢ骨，隨時有丟命危險。雷坡熱愛工作，此時，也不能不低頭，聽勸飛往台灣榮民醫院檢查，接受治療，

一去一年有多。舵手抱恙，編務交由女編輯戴振寰、鍾玲玲、劉小虞接手。三人訓練有素，鼎力合作，《明周》影響不大，銷路反然蒸蒸日上。未幾，雷坡健康恢復，重回崗位，卻改變了工作時序，通常一個星期只有兩天上班，時間盡挑在晚上。我問原因？雷坡說：「我一向喜歡晚上工作，那時比較靜，思想容易集中，有利度橋。」

雷坡病癒回來，整個人變了，以前，愛鬧愛玩，尤重吃喝，此刻則是靜如處子，脫兔早已消失無蹤。後來戴振寰離職，劉小虞變成雷太太，《明周》編輯部起了變動，李少瓊、鍾玲玲成哼哈二將，負責編務。這兩位小姐忠心盡責，雷坡可安心在家調養身體，平日只是用電話遙控指揮。我曾目睹李少瓊對住電話，一字一句地把原稿讀給雷坡聽，聽取指示。這種編輯方式，我看只有在金庸的「明報」機構才會有。我曾對人說過：「當編輯當到像雷坡那樣，真是無話可說；做作家做到金庸、倪匡，也真可說是史無前例了！」

金庸善待雷坡，在台灣榮民醫院養病期間，無暇兼顧《明周》，金庸爲了讓雷坡有充份的休息和安心，每月人工照支。後來雷坡回來了，金庸懇求他再掌編輯部，同時爲照顧他的健康，不在上班時間設限，另外還給他大幅度加薪。上海搭檔沈寶新不解，問金庸爲何如此厚待彼。金庸笑瞇瞇回答：「老兄呀！儂要曉得雷坡兄是個難得的人才呀！」對人才金庸是絕不吝嗇的。

（九）沙蟹幫

（1）張徹

金庸工作餘暇，娛樂是：看書、打沙蟹，嚐杭州菜和下圍棋。打沙蟹有所謂「沙蟹幫」，成員除金庸外，有倪匡、董千里、張徹、過來人和詹培忠。衆人組局，殺個天昏地暗，日月無光。

張徹是鐵腳，不拍戲，必列席。彼喜抽雪茄，打沙蟹時，雪茄不斷，幸好

張徹於邵氏拍攝大量金庸作品改篇電影，並培育了不少武打影星。

左起：黃霑、金庸、林燕妮、張徹、倪匡。

衆人都是「老槍」，不以爲意，否則必嗆個半死。過來人告我張徹的雪茄很濃，要兩根香煙叼在嘴裏，拼命外噴，才能頂得住煙味來襲。張徹是名導演，又是金庸老朋友，兩人惺惺相識，張喜讀金曲折迂迴之小說；金欣賞張筆走龍蛇的書法，成莫逆交。

七十年代末張徹陸續拍攝金庸名著，前後有《射鵰英雄傳》、《續集》、《三集》、《飛狐外傳》、《碧血劍》、《神鵰俠侶》和《俠客行》等多部，賣座俱不俗。

我問張徹，查先生的版權費是多少？笑道：「你猜？」怎個猜法？俺又不是你肚裏的蛔蟲。張徹體恤小子，用廣東話說：「佢好公平，冇飛擒大咬。」講慣國語的張徹，居然字正腔圓。此乃商業秘密，當不可亂說。話鋒一轉，我問：「導演！你拍查先生的電影，哪部最滿意？」張徹促狹：「部部滿意，部部喜歡。」說了等於沒說，怎收貨？死纏不放，張徹迫於無奈，嘆了口氣；

「唉！你這個渾小子，《射鵰》吧！傳聲演郭靖，蠻好！」打沙蟹，不如拍電影，張徹贏面不大，湊興而已。

七十年代，查家大宅每月必有牌局，興盛時一週一趟。八十年代後漸少，迨九十年代，星沉月落，銀河影失。九十年代我訪張徹於尖東「富豪」酒店咖啡室，耳聾背佝，蒼蒼白髮。問起金庸，答道：「已不多見。」

（2）過來人

唯一能成金庸對手的是海派作家過來人，本名蕭思樓。單看名字，閣下一定以爲是個文質彬彬的美男子。嘿！事實正好相反，其人身形矮胖，完全不像是一個作家。曾自嘲說：「我是一個老帳房呀！」倒非謙虛矯飾之辭。嫖賭飲蕩吹，過來人最精於賭，尤精沙蟹。一趟共樽前，我問金庸是否沙蟹高手？抬了抬眉：「是價是價，老鬼一個，不過我不比伊推板（差）。只是

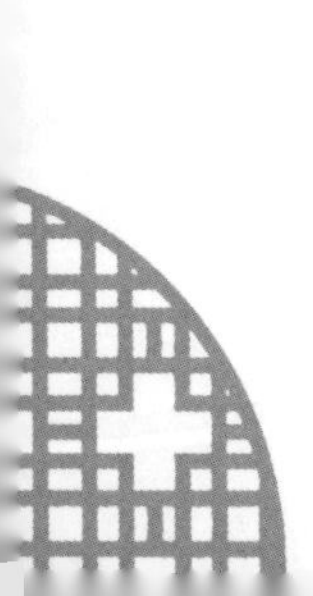

賭不過伊！」怎麼一回事？奇而問之。過來人搖搖頭：「小阿弟！儂弗懂打沙蟹，查老闆有的是鈔票，雞蛋哪能敲石頭，伊一show hand，我拿啥物事得伊碰。」頓了一頓：「打沙蟹嘛，最要緊是心平氣和，要做到弗動聲色，自家大牌，弗可以亂加注，要慢慢叫，引君入彀，價個只有查老庸才做到喇！哪能搭伊賭，要輸煞人價！」那豈非很奸詐？過來人朗聲說：「賭銅鈿無奸，賭來作啥？開賭奸勿奸？」（儂講光勒，我還有啥閒話可以講。）有人好事，轉告金庸，一點都沒生氣，笑道：「奸奸白相相，上落又勿大。」宰相肚裏可撐船，金庸是也。

（3）倪匡

如是說，沙蟹幫裏，金庸鶴立雞群，無人能制？那又未必，當有一人，便是搗蛋鬼倪匡。這般說，難道倪匡打沙蟹技勝金庸？非也！前面說過，兩

左起：古龍、倪匡、孫淡寧、金庸、蔣緯國，合照於台灣台灣石門庫賓館。

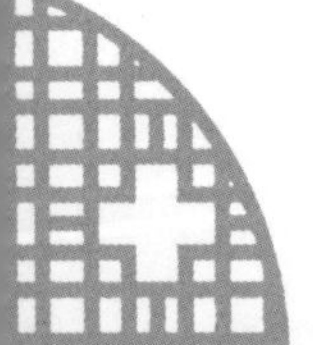

人檔次不同，有天地之分，既如此，又何能制得了金庸？刁鑽頑皮小倪匡自有妙計，他向不愛賭，因爲怕輸，輸了肉痛。

有一日沙蟹大敗，心痛如絞，於是耍無賴，嗚咽：「老查！下趟勿要再叫我打沙蟹，叫我也勿會來。」金庸問：「倪匡兄，啥事體勿開心？」倪匡道：「再打下去，今個月的私血要輸光了！唉——」長長嘆一口氣，臉拉得比馬長，近乎哭泣的模樣兒，教金庸看得心酸，道：「賭銅鈿，贏價一定要拿，要嘛價樣，價部照相機儂掏去。」一看，茶几上的照相機，「藝康」牌子，價值三四千，自己不過輸兩千，划得來！立刻拿上手，不住道：「謝謝查老闆，下趟一定要叫我，再打過！」金庸氣結。

（4）詹培忠

曾獲世界百家樂大賽冠軍的「潮州怒漢」詹培忠，七十年代也是沙蟹幫

的成員之一。詹培忠對自已賭術，素來信心十足，征戰濠江、拉斯維加斯等賭場，勝多負少，曾一夜之間贏逾過億！哄動賭城。近日赴澳搏殺，贏得七百多萬，不勝欣羡，嗤之以鼻曰：「啤！濕濕碎，有乜出奇！」金庸棲住渣甸山大宅時，曾參與沙蟹局，跟金庸面對面厮殺。我問金庸牌技若何？回說：「不錯，是高手，沉而穩，但有一點不如我。」我問是甚麼？答道：「不夠我狠。」這是事實，潮州佬狠，江浙漢穩，高手對峙，勝負各半。後來詹培忠忙於股票投資，就再沒有去查家大宅。（註：如今沙蟹幫只剩下詹培忠矣！惆悵！惆悵！惆悵！）

（十）簡而清

大抵沒甚麼人知道簡而清（八哥）曾是金庸的二房東。金庸未發跡前，曾寄居堅尼地道簡家，房租要付，但不貴。聽說金庸的成名作《書劍恩仇錄》

就是在簡家客廳餐枱上寫就的。一個是二房東，一個是三房客，因屋結緣，此緣一生。

金庸辦《明報》，就請八哥賜稿，「雲、紫、貓」專欄，範圍繁雜廣衍，趣味盎然，讀者衆多，我也忝爲其一。八哥博學閎肆，喜看雜書。其父簡琴齋是名書家，庋藏古籍多不勝數，卻不爲彼喜歡，只愛看洋書：《世界遊戲大全》、《爵士音樂全集》、《博彩指南》等等，看了不少，甚至對賽馬也下過一番功夫，這就讓他繼老吉、叔子之後，成爲香港權威馬評家。喜歡賽馬，卻不賭，他的弟弟和官（簡而和）則不同矣，狠勁十足，注碼驚人，負多贏少，揹上一屁股債，每趟得由做哥哥的來揩擦。了無怨言，樂意爲之：「誰教他是我的弟弟呢！」難怪金庸說：「一個這樣愛護弟弟的哥哥，世上眞少有。」董千里不以爲然，以過度縱容，寵壞弟弟。忠言不納，縱容如故，和官早逝，是八哥福分。

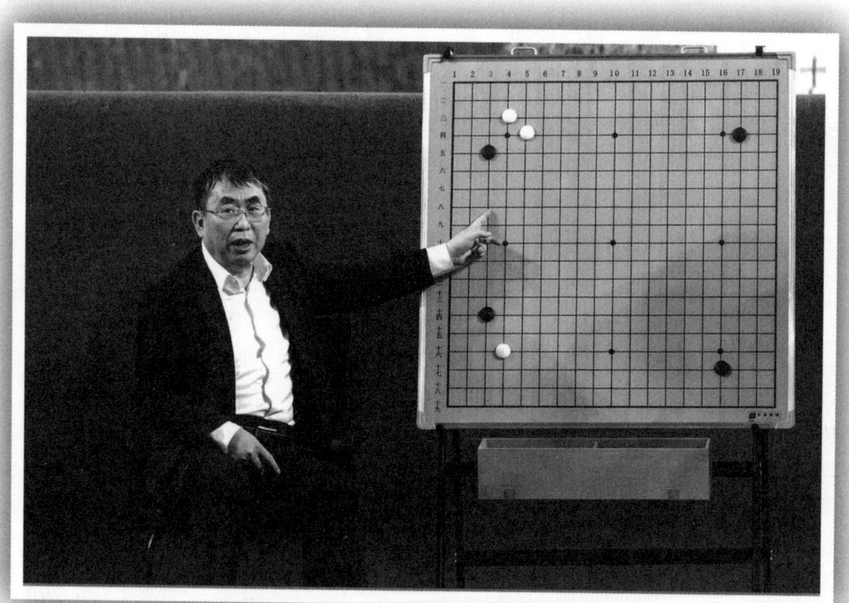

棋聖聶衛平現爲中國圍棋十協會名譽主席，仍然走訪中國各地的圍棋活動。圖爲二〇二三年首屆「唐山文旅杯」圍棋名人賽，爲年輕人講棋。

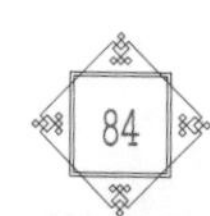

（十一）聶衛平

金庸迷圍棋，曾師從名家陳祖德。八十年代又拜年輕他二十多歲的九段高手聶衛平爲師，並無兒嬉，而是行三跪九叩大禮，嚴肅認眞，險些嚇壞聶衛平。老徒少師，成爲棋壇佳話。金庸服膺聶平衛棋藝，第聶衛平傾倒金庸小說，「情」投意合，兩情相悅。有個時期聶衛平住在查家山頂大宅，每夕對奕，棋藝大進。有人問：「查先生棋藝如何？」身爲師傅的聶衛平回答：「在文化界裏能跟金庸先生對奕的人並不多。」顯然是業餘中的拔尖高手。偏偏有人不服，要跟金庸交手。此人便是金庸老同事，另一位武俠小說名家梁羽生。

金、梁都是新派武俠小說的始創者，金以《書劍恩仇錄》鳴於時，梁憑《龍虎鬥京華》得人氣。兩人由《新晚報》廝殺至澳洲雪梨梁家，無數回對奕，金庸稍佔優勢。梁羽生對人說：「沒辦法，阿查有名師指點，我是自學成才，能不落下風，已是萬幸。不過如果下象棋，阿查就得舉手投降。」此言非虛，梁

羽生是香港象棋一流高手，棋藝跟棋王李志海不相伯仲，金庸哪是他對手！除此，金庸在報界還有一個圍棋老對手，便是散文大家聶紺弩。五十年代初，兩人就在新晚報報館擺局厮殺，殺得日月無光，並下賭注：誰輸就得請吃臘鴨。結果請的次數，金庸爲多，因生後來拜師學藝之念。聶、梁二人已先後離世，棋壇欠對手，金庸寧不寂寞？（註：今三人重晤天上，可下個不亦樂乎矣！）

（十二）周清霖（還珠樓主專家）

金庸認識的內地文化界朋友不少，陳墨、嚴家炎、馮其庸都是朋友，較談得來的則有前學林出版社編輯周清霖先生，曾於一九九六年二月五日拜訪金庸於其山頂道一號大宅，周老記其事云——「因羅孚先生引介，一九九六年一月二十九日晚於九龍京港酒店會見梁羽生先生後，又於二月五日下午到山頂道一號查府拜訪金庸先生。二時許先在大廳品嘗極品龍井，五分鐘後，先生下樓接

見，互道寒喧，開始用上海話聊天一小時。記憶所及，聊天內容大致如下：

（一）與羅孚先生相識經過。羅先生居北京十年後期，我向其約稿，羅主編之《聶紺弩詩全編》由我供職的學林出版社出版。

（二）由金庸，馮其庸二位任名譽會長的中國武俠文學會於一九九四年一月二十八日成立後的活動情況——金庸、梁羽生於一九九五年三月榮獲學會舉辦的中華武俠小說創作大獎的金劍獎（終身成就獎）。

（三）暢談對民國各派武俠小說的閱讀印象，回憶還珠樓主《蜀山劍俠傳》系列精彩情節，如狐仙寶相夫人抗天劫、神駝乙休大鬧銅椰島等，批評還珠樓主屢次失信於讀者——多部重要作品未能完篇！稱讚台灣葉洪生編評《近代中國武俠小說名著》。

（四）暢談大陸出版新派武俠小說情況，如金庸《書劍恩仇錄》梁羽生《萍踪俠影》一九八一年六月在廣州首次出版，古龍《蕭十一郎》一九八六年十月

在哈爾濱首次出版；譴責大陸盜版新派武俠小說行徑。

（五）談《三劍樓隨筆》由學林出版社出大陸版事宜。

（六）談欣賞蘇州評彈，先生激賞范雪君、嚴雪亭、蔣月泉、張鑑庭。

聊天後，與先生在小客廳客影，先生並題詞「暢談武俠一見如故。」然後慨贈簽名本《金庸作品集》三十六冊。問可有口吃？周淸霖蘇白出，道：「喔唷！講得比我還要快哉！」入寶山，滿載回，周老！眞教小子欣羨不已。

（十三）潘粵生

金庸門下有兩大弟子，是他自己承認的。其一便是大弟子潘粵生（小潘），少年時便隨侍在側，直到《明報》易手，方躬身而退。謙謙君子，冠玉臉孔，鳳眼長眉，帥男一名，加以風流儒雅，冲和厚道，易招女人慕。雖云心靜自持，禍事不多，可禍來避不過。

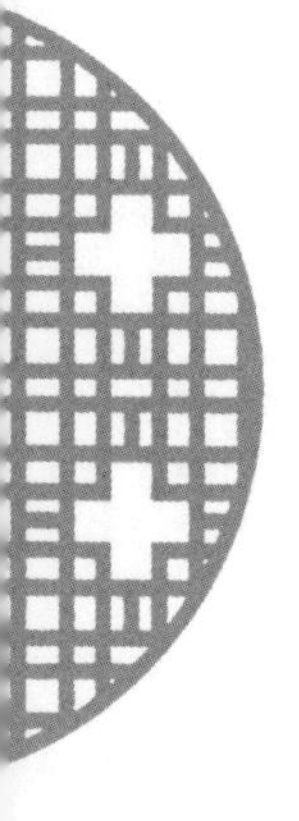

潘粵生以「余過」爲筆名撰寫的《四人夜話》大受歡迎，先後於明屋、博益、明窗、勤+緣等出版社推出過，亦改編過廣播劇。

有一回爲一才女所糾纏，千方百計避之若浼仍不果。才女發狂奔上報館搜尋，可把小潘嚇得瑟縮發抖，徬徨無計。事爲金庸所悉，也不加責罵，勸道：「此事得好好處理，別要影響到家庭啊！」小潘唯唯否否，漫應一聲。心想：天呀！我如何不知，可是大禍臨頭，如何拆解呀？查先生！心驚膽慌，卻又不好意思央代想辦法，只好悶聲不響，不發一言。金庸心疼徒弟，度得暗渡陳倉一計，派小潘往南洋主持新報紙編務，暫離《明報》。此計得售，才女再三詣門，遍找不獲，只好罷手。小潘也就安車平八路，過了關。救我者惟恩師，查先生！感激不盡。

對這個大弟子，金庸的評價是——「忠厚篤實，做事勤奮。稍欠膽識，判斷力弱。」換言之把關「一級棒」，不期有突破。這一點絕比不上二弟子王世瑜（阿樂），靈活乖巧，鬼點子多。一九八六年金庸換掉《明報》總編輯潘粵生，改命王世瑜接任。許多人都不明所以然，金庸對石貝（《明報》編輯，專

事核查文章內容以防逾矩）這樣說：「這位王（世瑜）先生很敢說話，他不像潘先生那樣怕得罪人，我要改革報紙，就是用他這樣的人。」只是小潘也有阿樂比不上的優點，擅寫小說，用「余過」筆名所撰，述異說鬼的《四人夜話》，絕不亞於倪匡的衛斯理傳奇，過早輟筆，讀者損失。

（十四）沈九成

金庸朋友當中，沈九成不能不提，不大露臉，知者不多，惟金庸尊崇敬佩有加。何德何能，竟得另眼相看？原來沈九成是佛學名家，「內明」雜誌主編，一生潛心修佛，成就之宏，香港無人能及。金庸曾說過——「唯一能跟沈先生比儷的，怕只有中國內地的趙樸初居士了！」誰都知道趙樸初是佛學大家，譽滿文壇，書法尤爲一絕。沈九成能與趙樸初並列，自不尋常。

《內明》是月刊，流傳不廣，銷路平常，卻有不少名家助陣。時台大教

授謝冰瑩女士常有鴻文在雜誌發表。我拜讀過女士寫的〈舍利子的幽靈〉，不禁感興起學佛念頭。湊巧有份資助《內明》的金庸來函叫我爲《內明》譯稿，既有稿費可賺，亦可親炙佛學，當樂意效勞。金、沈相與論佛，金庸得益深，晚年更近佛。

（十五）黎智英

九六年香港《蘋果日報》創刊，老闆黎智英慕金庸大名，欲請寫稿，稿費任開，知道不易，特延請倪匡，蔡瀾說項。倪匡一聽，按例三聲「哈哈笑」，擺擺手道：「別的事我倪老匡一力担承，但請老查寫稿，我無此能耐。黎老闆！你另請高明！」高明者乃蔡瀾，亦鎩羽而歸。金庸禮貌地回說：「黎先生雄才大略，教人佩服。這個朋友值得交，吃吃飯是可以的，寫稿嘛——」不言而喻，不爲所動。其實自創辦《明報》後，金庸已沒爲別家刊物撰稿，

別說一字千金，即一字萬金，金庸也不會心動。

（十六）蔡瀾

並非直接認識金庸，跟之結緣，全然是倪匡牽的綫。蔡瀾離開「邵氏」後，立志要做作家，在銷量最大的《東方日報》寫專欄，仍不滿足，對《明報》獨具好感，想在副刊謀個地盤，商諸倪匡。

倪匡說金庸這個人很怪，求他不行，要引彼上鉤，遂打個苦哈哈：「這個很難，你還是叫我請你吃飯比較容易。」蔡瀾不解，問其故。倪匡皺起眉頭說：「SaiSan（倪匡通常愛用日語叫蔡瀾）！這個你可不知了，查良鏞呀！當他那《明報》是身家性命寶貝，尤其是副刊，一直以來都死抱着不放，你的同宗編輯蔡詩人炎培也不過是個校對，沒有實權。你要寫《明報》副刊，眞是難若登天呀！」潮州蔡瀾機靈，雙膝一軟，幾乎下跪：「上海倪大哥，你不幫我，

普天下怕也沒有人幫得我了！」倪匡天不怕，地不怕，最怕人求，當下便說：「待我想想辦法，不過，你別太急，」接住想了一下：「期諸三月，必有所成！」

倪匡沒撒謊，金庸素重副刊，曾說過「副刊是一張報紙的靈魂，港聞和國際電訊大家都差不多，但是副刊做得出色的話，那張報紙就會與衆不同。」石貝告我金庸寫下「副刊五字眞言」，卽：短、趣、近，物、圖。短：文字應短，簡潔，不宜引經據典，不尚咬文嚼字。趣：新奇有趣，輕鬆活潑。近：時間之近，接近新聞，三十年前亦可用，三十年後亦可用者不歡迎。空間之近，地域上接近香港，文化上接近中國讀者。物：言之有物，講述一段故事，一件事務，令人讀之有所得。大得少得，均無不可；一無所得，未免差勁。圖：圖片，照片，漫畫，均圖片也；文字生動，有戲劇舞台感，亦廣義之圖。《明報》中人都知道金庸對專欄作家的邀請，非常嚴格，一定要通過他自己，別人無權決定。因此《明報》副刊名家雲集，佳作如林，專欄質量之高，他報無可及。能擁有

黃霑、倪匡、蔡瀾三人主持的清談節目《今夜不設防》每集與嘉賓飲酒講真心話，因為真正不設防而大受歡迎，成為亞視皇牌節目，開拍了兩輯。張國榮、鍾楚紅、林青霞等都是座上客。

一個專欄，就是身份象徵。《明報》副刊人才輩出，倪匡、亦舒、林燕妮、胡菊人、黃霑、司馬長風、江之南、張君默、「三徐」徐訏、徐速、徐復觀，當然還有在下小赤俠沈西城……粒粒皆星，璀璨輝煌，星光不滅。

某天，倪匡去見金庸，談好出版事宜後，金庸請吃飯，東南西北地閒扯了一番，便滿口稱讚蔡瀾文章寫得好。金庸聽着，一句話沒說。過了一個星期，這回挨到倪匡回請金庸吃飯，有意無意地又大讚蔡瀾。

金庸忍不住問：「倪匡兄！蔡瀾是誰？」

「哎喲！蔡瀾你也不認得，文章寫得這

麼好的人，老查，你居然不認得，怎能說是做報紙的！」倪匡故意醜詆金庸：「快去買張《東方》看看吧！」

過了三日，兩人又碰頭。金庸對倪匡說：「你說得對，寫得不錯，有多大年紀了？」

「四十左右。」

金庸稱讚：「難得難得！這麼年輕，文章就寫得這麼好。」

倪匡接口：「還不止呢！」把蔡瀾能書擅畫一併告知金庸。

「眞是英雄出少年，甚麼時候給我介紹一下！」金庸饒有興趣。

「他很忙，我替你約約看！」倪匡故意吊金庸胃口。

其實那時蔡瀾正閒得發慌。過了三天，倪匡對金庸說蔡瀾約好了。

金庸盛裝赴會，一見蔡瀾，態度誠懇，出人意表，蔡瀾頓時不知所措。三人欣然就座，天南地北地談，至中席，金庸推推倪匡，輕聲道：「倪匡兄！我

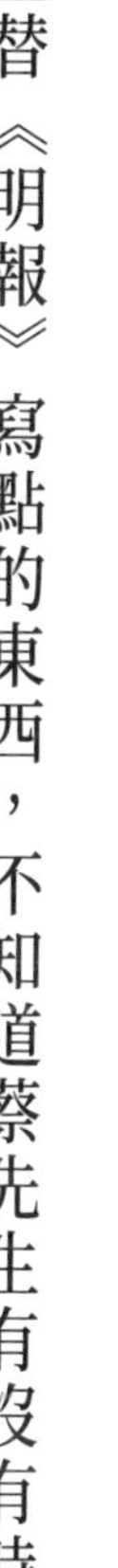

想請蔡先生替《明報》寫點的東西，不知道蔡先生有沒有時間？」

倪匡一聽，眉頭一皺，結結巴巴：「這個……這個……這個嘛——」金庸又推他一把。倪匡這才勉強說了。蔡瀾一聽，歡喜若狂，距求倪匡向金庸說項，前後才不過兩個星期。

有一段時期，蔡瀾、金庸往來頻密。金庸出門旅遊，蔡瀾多相伴在側，秤不離砣，砣不棄秤。倪匡嘗酸溜溜地說：「老查找我也少了！」後來金庸次子傳倜（八代弟子）拜蔡瀾爲師學藝，金、蔡關係更深。蔡瀾在《明報》寫出名堂，成爲名作家，後來從商經營飲食業，也有一番成就，只是近年不知怎的，少見兩人在一起了。（註：關於這件事，有個傳聞，陶傑曾告我，不寫也罷。）

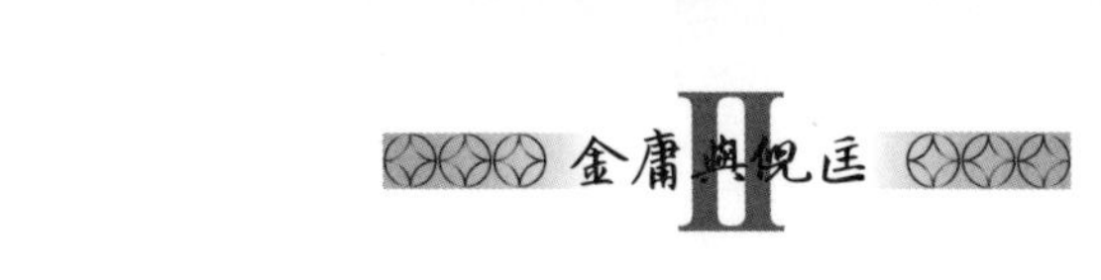

金庸譯作遍天下

金庸小說，有各式外文譯本，而以日、英爲主，其中尤以日譯最具規模，十五套小說全譯，氣勢恢宏，耗力匪小。根據資料，金庸首部日譯《書劍恩仇錄》出版於九六年，譯者是早稻田大學文學院中國語教授岡崎由美，出版後，反應不俗。近日有好金庸小說的朋友問我：「爲甚麼要遲到九十年代才有金庸日譯本？金庸處女作寫成於五十年代，相隔近四十年呀！」許多讀者都不明其所以然，按說金庸武俠小說流傳之廣和受歡迎的程度，當今文壇，能與之並駕齊驅者，絕無僅有，想得仔細一點，絕無可能隔了這麼多年才獲日本文壇青睞，難道日本出版界瞎了眼？這裏面其實有一段故事，我曾參與其事，不妨在這裏細細說一下吧！

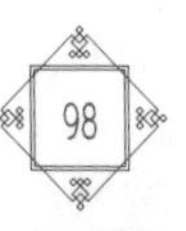

上世紀七五年我已爲《明報月刊》寫稿，某天，日本中國問題專家竹內實教授捎來一篇文章。拙作〈追緬竹內實先生〉記云：「七五年十一月，《明月》編輯部收到竹內實教授的大作，共四萬字，胡菊人託黃俊東找我翻譯，文章主要是跟胡菊人討論有關《魯迅日記》三二年十二月一日至五日空白的問題。我在相浦杲教授的全力協助下譯出全文，分三期刊登於《明月》，其後又收錄在《梅櫻集》裏，這是我唯一翻譯竹內實先生的文字（註：亦曾翻譯過他的《茶館》數則，因司馬長風先生翻了，遂止）。」那時我的日語程度不高，翻譯起來吃力，幸得當年來港出任港大客座教授的相浦杲教授師施以援手，方才勉強成卷。也因此跟相浦教授成了莫逆，間時聆教，得益匪淺。相浦獨個兒在香港，孤單伶仃，一有空閒就來我家打牙祭。太陽下山，就留我家晚飯。

有一夜，他一杯「白鶴」（日本清酒）在手，忽然提起中國古典文學《水滸傳》和《三國演義》，說在日本留傳廣泛，吉川英治爲此寫成《三國志》，

關雲長因而成爲人民英雄，我知道日本的暴力團體如山口組、住吉組和稻川會都拜奉關公，敬他義薄雲天，合乎日本浪人的任俠精神。相浦是學者，對關公亦尊崇有加，他誇《三國演義》寫得活龍活現，傳神阿堵，又說《水滸傳》的武松是眞正英雄，不受美人（潘金蓮）艷色所誘，教人敬佩。問他除了這二本經典，還看過甚麼中國古典名著？睜大雙眼，愕然望我，答不上來。說眞的，其時，相浦對現代中國文學，範圍還只繞在魯迅、矛盾、巴金，郭沫若等少數作家身邊，遠一點兒，接不上軌。我怎敢提《東周列國志》、《封神榜》、《江湖奇俠傳》，就算近代武俠小說，相浦也只知有還珠樓主，原因何在？「他有科幻味道。」笑着回答。呵！他竟把《蜀山劍俠傳》當成ＳＦ，我的媽！七十年代我迷金庸，想想這樣精彩的小說，也該引介給我這位莫逆了。於是就舉出金庸的小說，如何曲折離奇，怎樣神出鬼沒……聽得相浦傻了眼。半晌，訥訥地問：「眞有這樣好看的小說？在香港？」（相浦說國語喜用倒裝文法）「眞

有的！」我大力點頭：「我可借你看看一本！」書櫃裏正好有金庸簽名送我的《書劍恩仇錄》，借花獻佛，讓相浦帶回大學宿舍看。

兩宵無語，第三天傍晚，一通電話掛來我家，劈頭一句便是：「Ichiban，Subarashii（精采）！」再說下去，還是那句「精采」，相約翌日午間到中環於仁行的「美心」喝咖啡。到埗，方坐下，相浦豎起大拇指大咧咧地說：「好個金庸，不遜吉川英治，直逼司馬遼太郎！」天啊！要知道吉川、司馬都是日本當代文豪，能跟彼等量齊觀，足見金庸在相浦心裏的地位。

一中一少，談興越濃，西山日落，紅霞滿天，我靈光一閃，迸出這樣一句話：「相浦兄，既然你如斯欣賞《書劍恩仇錄》，何不由先生你把它翻成日文，在日本出版？」一言甫出，深感孟浪，怎可以越俎代庖，爲金庸作主？何況相浦心意未明，此舉實在唐突。豈料相浦抖地綳緊臉，一臉嚴肅：「如果眞能讓我翻譯，我會好樂意。」喲！意想不到的答案啊！既然答允，我只能強作曹邱，

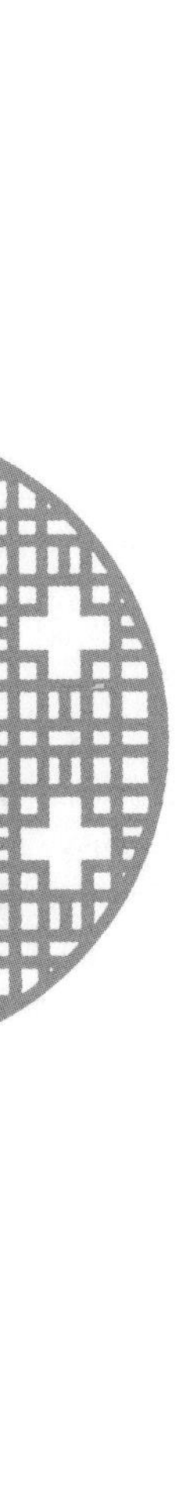

修書一封，約略向查先生說明有大阪外語大學教授相浦杲意欲翻譯《書劍恩仇錄》，望求俯允。本不存希望，不意過了兩天，黃俊東兄來電說查先生有一函回我。跑上《明月》編輯部，拿回家一看，大意是「西城兄：收到大函，謝謝。吾兄願譯拙作，很是歡迎，附上《雪山》及《外傳》共三冊。唯須聲明這，此項授權，以《雪山飛狐》譯文發表於日本雜誌者爲限，將來望出版單行本條件另議，因弟另有出版全套日譯本之計劃，將來定將另行相議。吾兄譯文望日本讀者接受，可進行出單行本。一般國際通例，原作者享有版稅之半數左右。順祝工作順利金庸。」過了一日，又遣人送上一套全集，囑交付相浦。

接得全集，相浦喜不自勝，矢言要好好地看，我怕全冊費時，耽擱翻譯進程，就進言：「不如先看《雪山飛狐》或《飛狐外傳》吧。」相浦不明我意，我解釋說：「篇幅短，看起來較容易。」心底裏，另有密底算盤，因翻譯費時，日本讀者意向未明，萬一不受歡迎，豈非浪費心血？故先以《飛狐外傳》或《雪

山飛狐》試温，成固欣然，敗亦無礙。相浦於是挑燈夜讀《雪山飛狐》，一夜看畢，中午電話掛來，表示樂意翻譯，大喜過望，金庸小說終於可進軍日本矣，此乃香港文壇之光也。我這邊興奮莫名，電話那邊卻是鴉雀無聲，啥事體？半响，傳來相浦微弱的嗓音：「沈San！敢問酬勞如何計算？」呵！問得對，動筆翻譯，茲事體大，不能白做！於是託俊東兄向查先生詢問如何處理？過了數日，方接到回覆，意謂「願付版稅」，其意甚明，就是先翻譯，俟出版後再計版稅。我一看覺得有點不妥，惟查先生之意既如此，見面只有直言。相浦聽了，頓了一下，不發一言。此事就如斷了線的紙鷂，飛去無蹤。雙方想法有異，金庸的本意實乃希望小說大賣，相浦能多得，可相浦有自己的想法，義務翻譯絕不可行。公有公理，婆有婆理，難分對錯，事遂胎死腹中。

一九九〇年中期，日本德間書店透過市場調查，得知金庸乃全球最暢銷的華語作家，見獵心喜，一口氣買下所有金庸武俠小說日本版權。一九九六年四

月金庸親赴日本跟德間書店社寫長德間康快簽約，出版一事敲定。德間書店邀得早稻田大學中國文學教授岡崎由美擔任日本版監修，爲表隆重其事，翻譯團體陣容鼎盛，包括土屋文子、小鳥早依，小島瑞紀，林久之、金海南、阿部敦子和松田京子等著名譯家。這班專家耗心費力，日本版因而保存不少金庸原文的神韻。

縱然金庸武俠小說全集陸續在日本出版，以我看，終究失去了先機，此話咋講？說來話長，六、七十年代日本文壇興盛，名家輩出，在大衆文學範疇裏，最具時譽的文豪有四人：吉川英治、柴田鍊三郎、松本清張和司馬遼太郎。吉川、柴田和司馬皆是時代（武俠）小說名家，松本雖以推理小說鳴於時，其實也曾寫過不少優秀的時代小說（《役者繪》），只是推理太出衆，掩蓋掉武俠小說的光芒。柴田鍊三郎是當代日本武俠小說之神，所著《眠狂四郎圓月劍》瘋魔萬衆，彼精於中國歷史、文學，尤喜《三國志》；司馬遼太郎，固不必說，

日版《倚天屠龍記》初版以硬皮精裝版推出，黑底金字，由林久之、阿部敦子翻譯，二〇〇〇年，德間書店出版。

耽溺司馬遷《史記》，日夜鑽研，取名遼太郎以示遠不及司馬遷，謙恭自卑，文士風範，一部《霸王之家》描繪德川家康，波濤洶湧，氣勢磅礴，衆口交譽，成爲小說之王；至於吉川英治，出道遠比三人早，所著《宮本武藏》早已成日本經典武俠小說之作。我提這四位大家，旨在說明他們等級實與金庸相若，而論影響之大，愚見還是有點不及也，日本人口僅一億多（七、八十年代），中國十億餘，書迷自然是金庸的多，以論作品內涵，則各有千秋，難分軒輊。假使七、八十年代相浦教授譯出《雪山飛狐》，在日本出版，興許會引起三大家的注意（註：其時吉川英治已卒），不揣力薄，我或能發揮一些作用，那便是我跟松本清張的小小關係，大可安排跟金庸對談，發刊於《文藝春秋》或《群像》這一類的著名雜誌，金庸之名就必會廣泛地爲日本讀者所熟識。通過松本清張，再跟司馬、柴田對談，金庸小說不在日本全國普及才怪哩！日本人素重知名度，既得三大家賞識，焉會不解囊爭購？松本清張素憐才，喜歡結交有學

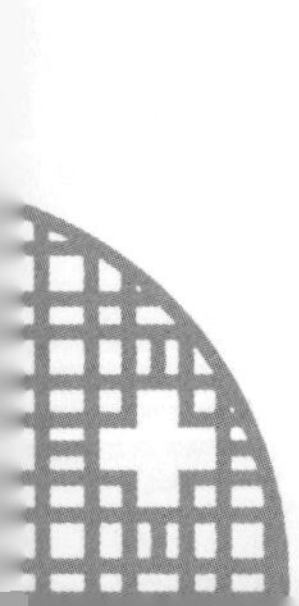

識的朋友，不然就不會贈書金庸。想來，當年我能仗膽上勸金庸，肯付翻譯費，則萬事成矣（註：黃俊東後來告我金庸意在保障相浦的收入，非爲節省譯費，只是相浦誤解金庸不欲付譯費而已。）唉！天意如此，半點不由人。金庸小說日譯要晚至一九九六年方面世，相隔十多年之久，先機盡失，柴田、松本、司馬相偕去世，在世名家則遠遜三大家，即級數稍遜的池波正太郎、多岐川恭等隨後亦不在人間，要找一個跟金庸同級的武俠作家談何容易，千挑萬揀，只有山田風太郎勉可擔當，可論名氣才學，又萬萬不能跟前輩相比。

《書劍恩仇錄》由德間書店出版，廣事宣傳，效果尚可，譯者岩崎由美回記者說「作品銷路不俗」。此言有據，日譯《書劍恩仇錄》反應理想，短期售罄，馬上趕印第二版，可續出的譯作銷路就不如前。近年夜思，常爲金庸不能跟松本清張相晤而感到懊惱、遺憾，事情既邁出第一步（雙方互贈著作），爲何不能再延續下去？只怪自己疏懶，溺於遊樂，荒棄正事。

日本人做事認眞嚴謹，一絲不苟，要嘛不翻譯，要譯就把金庸十五本小說（飛雪連天射白鹿 笑書神俠倚碧鴛）全譯了出來。金庸首譯《書劍恩仇錄》於一九九六年十月問世，譯者岡崎由美，接着陸續出版，直到《鹿鼎記》爲止。

今把出版次序及譯者名字，附列於下：

《書劍恩仇錄》岡崎由美 1996.10/2001.4（註：前者單行本後者文庫本下同）

《碧血劍》 小島早依 1997.4/2001.7

《俠客行》 土屋文子 1997.10/2001.11

《笑傲江湖》小島瑞紀 1998.4/2007.6

《雪山飛狐》林久之 1999.2/2008.7

《射鵰英雄傳》金海南 1999.7/2005.7

《連城訣》 阿部敦子 2000.1/2007.4

《神鵰俠侶》松田京子 2000.5/2006.6

《倚天屠龍記》林久之、阿部敦子 2000.12/2008.5

《越女劍、白馬嘯西風、鴛鴦刀》林久之、伊藤未央 2001.6/2011.4

《飛狐外傳》阿部敦子 2001.9/2008.1

《天龍八部》土屋文子 2002.3/2010.1

《鹿鼎記》岡崎由美、小島瑞紀 2003.8/2008.12

日友來港遊，告我金庸在日本的情況，沒有了松本清張、司馬遼太郎，鼓吹金庸作品的名作家只有田中芳樹和今川泰宏等數人。田中芳樹是科幻．時代小說作家，他的《創龍傳》、《風翔萬里》都是佳構。田中讀罷金庸小說後，擲筆三嘆，最推崇的便是《鹿鼎記》，評說：「金庸先生的《鹿鼎記》是在歷史大河中，游刃有餘地進行應援，既沒有累贅感又不違背歷史大事件眞實的優

秀小說。」可謂的評。事實上《鹿鼎記》的「反英雄」，在中日武俠小說歷史當中，從無一位作家曾如此寫過。今川泰宏（編註：日本著名動畫導演，是個十足十香港迷）初讀金庸小說，他爲《連城訣》寫的註解，頗有發明。文學評論家香山二三郎評說：「金庸小說有活生生的劇情，有戀愛，也有陰謀。讀者不禁中了金庸構思出來神奇世界的魔法，不能自拔。」名作家馳星周（因慕周星馳，而把名字倒轉過來作筆名）有云：「以浩蕩無邊大地爲舞台，上演以武術及俠士風骨爲本錢的男兒馳騁的浪漫史。金庸小說能滋潤現代人像沙漠般荒涼的心靈。」

隨着小說流行，金庸的武俠劇集如《射鵰英雄傳》、《神鵰俠侶》、《鹿鼎記》、《天龍八部》都先後引進日本，獲得相當大的反應。日本人讀金庸，譯金庸，能有六成明白、五成正譯，已是上上大吉。我翻讀譯本，往往爲那些非驢非馬的日譯語句頓足不已，且舉幾個例子說說吧！《書劍恩仇錄》的譯者

岡崎由美把香香公主譯爲「維吾爾族美少女」，失眞、累贅。《俠客行》的「狗雜種」，譯者土屋文子頭痛了，沒法子，原文照搬，加註爲「野狗」，其意相差何止十萬八千里。《碧血劍》裏，「掌門」一詞，小島早依方寸大亂，勉強譯成「總帥」，反不及阿部敦子女士在《飛狐外傳》，直接把「掌門人」入書，乾淨利落，比小島早依高明多多矣。日本讀者看待武俠小說，觀點、興味有異於我們，崇尚意境，講究幽冥玄奇，淒迷孤寂，此所以佐澤世保的《紋次郎》、柴田錬三郎的《眠狂四郎》瘋魔程度至今不衰。（註：古龍風格近，近年譯作陸續出版）金庸重情節、人性，日本讀者需時咀嚼，容納，這正是金庸小說在日本稍不如在華人世界那般受歡迎的眞正原因。

縱然如此，金庸魅力猶未減，日本仍力倡「金學」，專事研究金庸，初期範圍不大，發軔者乃是岡崎由美女士。一九九八年所著《權威武俠小說指南：解讀金庸世界》，乃是「金學」的入門書。千禧年岡崎在北京的「金庸小說國

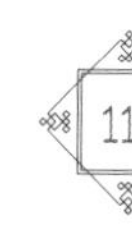

岡崎由美譯而優質寫，出版了《中國武俠小說之道 漂泊的英雄》、《武俠小說的巨人 金庸的世界》等著作，成爲日本人看武俠小說的入門。

際研討會」宣讀〈金庸作品與日本武俠小說〉廣泛地引起中、日學者對金庸小說的興趣。中國文學專家加藤浩志在《世界的文學》（二〇〇一年八月號）上發表〈金庸：香港武俠小說與電影〉一文，「金學」更受注視。近年日本「金學」有明顯進展，參考價值亦相應提高。金文京的〈金庸武俠小說與當代中國社會主義文化〉（二〇一〇年）探討金庸創作其小說的時代背景及介紹當代中國學者對金庸的評價，令不少日本人更熱衷研究「金學」。

此外，早稻田大學文學學術院助手張文青所撰論文〈金庸武俠小說與國族主義〉和〈異地漂泊的主人公：從金庸小說《鹿鼎記》看文化越境〉亦具新意。倪匡名著《一看、再看，三看、四看金庸》，分析精確，生動靈巧，深入淺出，趣味盎如，更能引導日本讀者進入武俠世界。惜乎無日譯，不然有助讀者進一步了解金庸。近年，日本不少金庸迷組成一些同人組織，其中以「金庸茶館」、「金迷關東幫會」、「金迷關西幫會」及「金迷江湖」人氣最盛。除開設網站外，

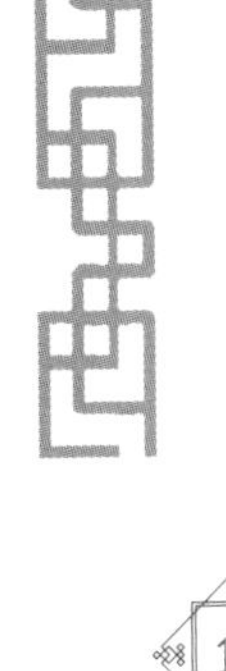

成員間經常聚會，他們視金庸爲偶像和教祖，中國作家除魯迅外，在日本能得此盛譽者，惟金庸耳。

金庸的小說在東南亞也異常暢銷，尤以越南爲最，起先多數是從香港發行過去。越南人不諳中文，金庸小說因而早有譯本，聽說已全部翻譯齊全。越南人讀金庸小說讀得暈頭迷腦，一本小說，父親先看，兒子接力，然後到母親，女兒。爲甚麼着迷？原來越南文有七成左右的詞彙是從漢語更改過來的，貼近中文，看起中文來倍感親切。除越南以外，印尼亦有譯本。韓國翻譯家金一江、朴永昌也曾翻譯金庸全集作品。

見有好書，法國不甘後人，也來軋一脚，首部法文版《射雕英雄傳》，譯家王健育已於二〇〇四年譯畢出版。王健育的父親曾是台灣國民黨的外交官，彼自幼隨父東闖西奔，閱盡江湖，才藝卓茂，諳多國文字，去國四十餘年，落戶巴黎。二十餘歲始讀金庸小說，除卽成迷，日誦夜唸，廢寢忘餐，遂興翻譯

之念。花五年功夫，譯迄《射鵰英雄傳》。出版後獲法國總統希拉克和法國文教部頒予嘉獎狀，希拉克讀了全書後，讚嘆不已。《射鵰英雄傳》的成功，讓出版者潘立輝與翻譯者王建育興奮雀躍，再接再厲，意欲翻譯《鹿鼎記》。二〇〇八年九月，潘立輝老遠從巴黎跑到海寧，取得金庸頷首，隨即動手。經過四年辛勤勞碌，《鹿鼎記》終在二〇一二年正式發行，成績斐然。

至於英譯方面，早於七二年已有《雪山飛狐》節譯本。九七年連《鹿鼎記》也有了，由John Minford閔德福翻譯。這正好表明金庸的武俠小說，好多年前已被翻成英文，只是譯筆不佳，文意不順，苦澀難明，因而閱者興味索然。且舉幾個例子吧！單說書名，《書劍恩仇錄》被翻成《The Book and the Sword》，「書和劍」有了，恩仇何在？全不搭架，原意盡失。《鹿鼎記》翻成《The Deerand the Cauldron》，即「鹿與鼎」，啥意思？不佞所理解，鹿者（逐鹿中原）、鼎者（問鼎天下），譯本書名跟原著意思相距何止十

萬八千里，能不啼笑皆非，貽笑大方？我曾跟相浦說過，翻譯金庸，一定要熟悉中國歷史，洋學者，即便唸過中文，也未必能道達全意。大抵非借梁實秋、楊憲益等先生如椽大筆，方能貼切地將金庸小說的精髓翻出來吧！譯林高手早已去，天下能者有幾人？不知香港金聖華女史可有興趣乎？

對過往的英譯本，坦白言之，我非常非常失望，人家送我，束之高閣，絕少翻看。最近英國出版社將會在今年（二〇一八年）二月發行《射鵰英雄傳》新譯本，聽了不勝雀躍。多年前，閔德福曾發宏願要翻譯《射鵰英雄傳》，功夫做了不少，最後半途而廢。《射鵰英雄傳》是鉅作，不同於《雪山飛狐》，全書涉及大漠風土人情、宋、元歷史，外國人要完全明瞭並不容易，況乎動手翻譯？故對新譯全不抱奢望，人之常情。

正月（一八年），美國哈佛學者、《紐約客》作者傅楠（Nick Frish）來港找我攀談，提到新譯《射鵰英雄傳》，從皮包裏掏出譯本予我看，道：「還

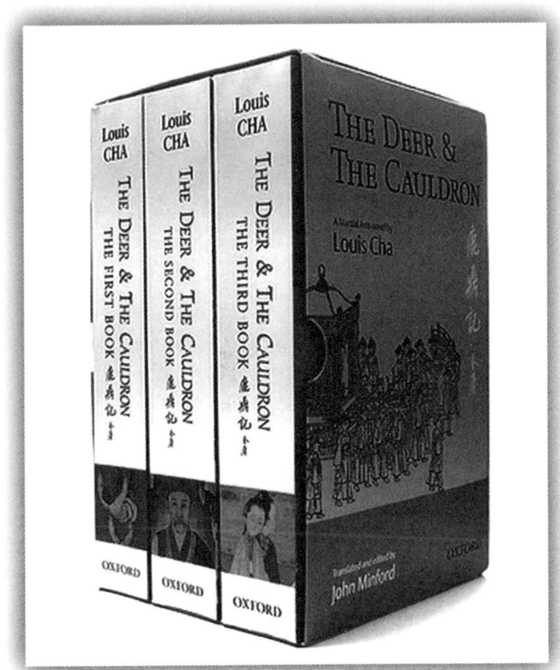

香港牛津出版社重新修訂 John Minford 閔德福翻譯的《鹿鼎記》英語版，並以紙盒裝推出。

最新推出的英語版《射鵰英雄傳》，由 Anna Holmwood 翻譯，二〇二三年 MacLehose Press 出版。宣傳語句以「中國的《魔戒》、《哈利波特》形容其在華人世界的地位。

未正式發行，出版社先送我一冊，所以你不能拍照片。」美國人講究合約精神，作爲東方人的我只好遵守，雖然心底裏還是好想偷偷的把它拍下來。傳楠告我在美國早已看過一遍，豎起大拇指誇說「Excellent，Mr. Sham you will not disappoint.」。怎個Excellent法？且聽——「精準正確、用字貼切」八個大字，已是最高讚譽。傳楠喝口咖啡，蠻具信心地說；「這部譯本我相信會在西方社會引起大反響，Louis Cha, fantastic，金庸大名將會傳遍。」講得嶄，但願如此。

傳楠於二〇一三年底曾來港找到我，相約在灣仔茶餐廳見面。英氣勃勃，溫文儒雅的青年學者說自己在哈佛大學求學，極慕金庸，向我打聽一切有關金庸的過去。一一相告，臨別要求代爲聯絡。我告訴他金庸難見人，他有點失望，說自己想辦法，神通廣大，終於圓夢——訪問金庸。晚年金庸基本上已不接見任何人，不少人千方百計欲見他一面，都給查太阿May用「凌波微步」挪開。

那爲甚麼金庸會接見傅楠？不妨一聽他的自述吧！「因爲我有中國文學的學術背景，能夠正面直接用原文欣賞金庸作品，加上《紐約客》一直沒有發佈任何關於金庸融現象的文章，所以……」事情再明白不過，金庸是想借傅楠之手跟美國文壇溝通。二〇一三年金庸年屆八十九，精神如何？傅楠這樣說：「我們見面的時候，他的身體雖然有點弱，但是他的腦筋還很靈活。我帶了幾本不同的書包括：《海寧查氏家族文化研究》、金庸的小說複印本，他一看到《海寧查氏家族文化研究》，就拿起來，讀得很快樂。很明顯他身體健康雖然有點弱，他的腦子還沒退化。那是說在二〇一三年年底，金庸的精神還是可以的。

相談甚歡，傅楠對金庸有這樣的評價——「金庸作品最重要的特點之一，就是既有中國傳統文學章回小說的特點，又有大仲馬的敍述精神。西方人如果想了解中國文化，必定應該讀金庸著作。」高度評價，體現西方學者已開始重視金庸。

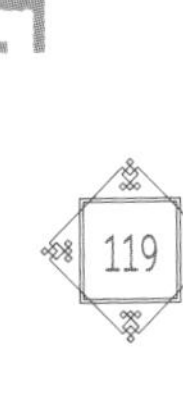

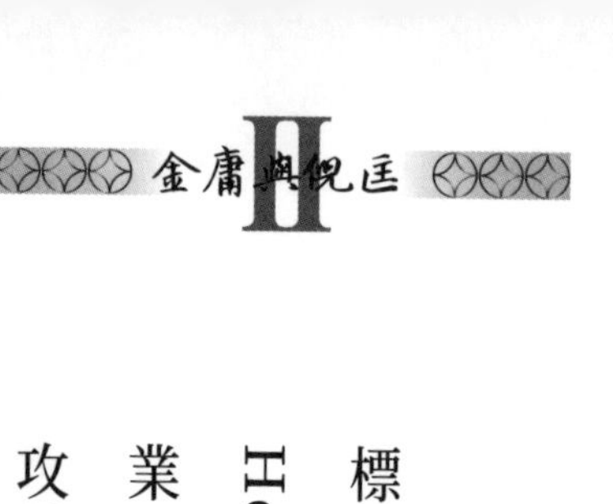

《射鵰英雄傳》新譯由英國出版社 Maclehose Press 出版。新譯首卷標題《A Hero Born》——《英雄誕生》。譯者是瑞典籍的郝玉清（Anna Holmwood），父親是英國人，母親爲瑞典人，平日以翻譯英語、瑞典語爲主業。據傅楠說，郝玉清於二〇〇六年開始對中國文學發生了興趣，在牛津大學攻讀當代中國研究碩士期間，首次翻譯中文小說，無意中看到《射鵰英雄傳》，正如一般金迷，一揭，廢寢忘餐，再揭，矢意要把它譯成英語。二〇一二年，她跑到出版社洽商出版《射鵰英雄傳》，向編輯基利斯托（Christoph）推薦，基利斯托看過後，堅決地說：「我一定要出版金庸先生的作品。」於是一錘定音，促成今趟《射雕英雄傳》新譯的出版。《射雕英雄傳》全書分十二大卷出版。書的英文譯名是《Legends of the Condor Heroes》比較接近原著，雖然 Condor 只是禿鷹，總比那些不倫不類的譯名高明得多。

傅楠告我郝玉清認爲金庸筆底下的俠義文化，跟中古西歐的「武士精神」

相彷，極像大仲馬的《三劍俠》。一聽，暗忖「對頭了」。金庸一生受大仲馬影響至深，郝玉清有此體會，斷不會差到哪兒去。一睹爲快，已託傅楠寄一本過來看看。英譯金庸小說以前也有過譯本，除閔德福和學生賴茲雲的未完成譯作外，完成出版譯作有三本，皆爲香港所譯，（一）《雪山飛狐》中文大學出版社（一九九三年至一九九六年）；（二）《鹿鼎記》、《書劍恩仇錄》（二〇〇四）皆是香港牛津大學出版社出版。

外國月亮圓，本地譯作未能引起哄動，我只寄望郝玉清女士的新譯，發光發熱，若然·世界各國金庸讀者幸甚焉。

後記：說眞的，我對岡崎由美的譯筆很是失望，她原是領頭鮮，翻譯出來的文字竟大不如下手的阿部敦子。若然當年相浦教授能成事，金庸小說在日本當又是另一番面貌。

冷眼看金庸

金庸一共三段婚姻，三位如花美眷，我有幸聽過一位，認識一位。聽過的是二夫人朱玫，爽朗明媚，亮麗誘人，只是性子烈，凡事執着不讓步，尤其在工作上，屢跟查先生抬槓。金庸私下對人言「朱玫性烈，我忌她三分。」既稱忌憚，緣何移情別戀？你、我都想知道。粵諺云「怕老婆發達」，金庸中年發跡，當跟此有關。賢妻能臂助，夫唱婦隨，樂何如之，無人想到到頭來金庸會離婚。認識金庸的人都曉得咱們的查老闆精光內斂，不怒而威，同時兼具外柔內剛性格，你踩到他尾巴，痛徹心脾，必然絕地還擊。六十年代《大公報》的筆戰，正是明證，永不妥協，頑強抵抗，事業如此，愛情路上亦然。他第一趟婚姻，一見杭州杜小姐，整個人酥麻了，不顧後果死命追，單刀赴會，贈物獻

媚，手段用盡，終奪美人歸。杜小姐目前仍存世，見過他的朋友對我說：「西城，老查三個老婆皆是出色當行的美人，只是氣質各有不同，老查眞有品味，杜冶秋淸幽如菊，朱玫濃艷似玫瑰，阿May白璧無瑕，你要我挑，挑不來，只想全放進在一籃子裏，好好呵護。」（筆者註：說到挑女人的眼光，倪匡遠不如金庸。）

俗云「剛易折」，朱玫就是太硬朗，婚姻終於觸礁，勞燕分飛。可惜嗎？Yes！離婚的殺傷力盡現朱玫身上，雖然拿得豐厚的贍養費，愛情沒有了，婚姻失敗了，對女人的打擊難以估計。聽說後來又遇人不淑，給騙了錢，精神開始不振，居然在銅鑼灣鬧市渣甸坊擺攤售賣二手手袋，恰巧爲金庸的韋小寶阿樂看見，回朝稟告，康熙金庸心不忍，下旨賑濟。錢送過去，原封退還，子兒不差，附言說：「我才不稀罕用他的錢！」阿樂說：「朱玫不要錢，看似自尊心強，不受接濟，實則是想報復。」此話怎講？阿樂曾是神醫，分析細緻——

「女人失婚，內心難忍，怨恨男人，日長時久，會有異常反應。查老闆發了大財，又係城中名人，前妻要在街上擺攤，成何體統，失禮到極。」一想，言之成理。君不見夫妻分手，女的會捨命訴說男的，幾乎連他身上的暗病也宣諸世上嗎？過氣查太太做小販，有損金庸名譽，在心靈上會有挫折感。金庸不快，並未溢於言表。他是一個不愛表達自己內心世界的男人，查太阿 May 曾對我說過一句話，印象深刻——「我認識他超過五十年，有時候我也不知道他到底在想甚麼？」足見金庸深沉如海。金庸看書，猶如老僧入定，那是他思索的時候，旁人不容叨擾，至於想甚麼？除了他自己，沒人知曉，不用問，也不必問。杜治秋熬不住，拂袖而去。金庸痛，有沒有恨？我不知道，晚年，他曾說過「我第一個太太背叛了我，」可見恨藏心中。至於跟朱玫離異，金庸對人垂淚：「我對不起她。」阿樂道：「有甚麼對不起呢，在物質上查太已拿過了頭。」

阿樂跟朱玫素有隙嫌，起因在於《華人夜報》的一段轇轕。金庸見《明報》

上了軌道，雄心勃起，就想弄一張晚報過過癮。有此念頭，並不出奇，《明報》創刊伊始，便是一張小型報紙，要搞張小報白相相，實帶有飲水思源之意。他看重當年《明報》小鬼頭阿樂，讓他當上老總。小鬼頭接大令，加倍賣力，東張西羅，南奔北走，轉瞬就弄妥雛形，呈予查老闆一看：Wonderful：金庸一有興頭，就會漏出英語（小鬼眞有一手！）原來阿樂的雛形具備一切銷紙元素：香艷、奇情、詭秘，獵奇，樂而不淫，嫖賭飲蕩吹，男讀者怎會不喜？老闆立卽拍板，付諸實行。叵耐引起太座查二夫人的反對，以一張正統大報《明報》旗下竟出現一張低格報章，成何體統？實有碍報格，於是下懿旨反對。金庸愛妻不違事業，有己見，陪笑說：「報紙有各種做法，《華人夜報》路線跟《明報》不同，但這沒甚麼關係，不會有甚麼影響的。」朱玫不退：「Darling，你要知道《明報》現在已變成一張大報了，你寫的社評維護正義，人人爭看，這樣夠格的報紙，怎麼會容得下一張這樣的夜報？」苦苦相勸，金

庸不爲所動，一意孤行，埋下夫妻不和的種子。《華人夜報》面世後，銷路啱，金庸樂不可支，深慶得人。（阿樂這個小鬼，眞來是！）暗暗嘉許。他的另一半，怒火攻心，大爲憤懣，一怒丈夫不訥嘉言，二忌阿樂趾高氣揚的腔調，功高震主，哪還了得？絕不能讓這個小鬼頭坐大，想盡法子要推阿樂出門。最後下了「愛的美敦書——他不走我走」。終於發揮了作用，愛妻、愛徒，二者擇一，金庸只好含淚斬馬謖，送走阿樂。可心中刺難拔除，總覺得朱玫太不懂生意經，甚至有點不近人情。幾十年後，我跟阿樂喝酒，他對我說：「朱玫要我捲舖蓋，並非單一是《華人夜報》的事件，其實暗底下她老懷疑我慫恿金庸去鬼混！」這眞是冤哉枉也，阿樂慧黠靈巧，鬼點子多，卻從不作挾邪遊，除了駕車、喝酒，別無嗜好。查老闆發了迹，財產多阿樂數十倍，坐的不過一架老爺車，哪有阿樂坐擁六輛名車代步的氣勢，朱玫是完全冤枉了阿樂，如今阿樂亦已八十，老人說舊事，無怨，僅有惆悵。

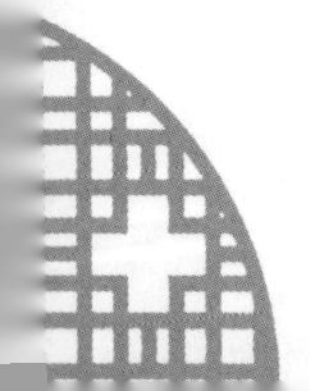

金庸只有兩個兒子，傳俠、傳倜，傳俠精靈聰明，傳倜篤厚樸實，雖屬同一父親所生，金庸稍偏前者，傳俠愛讀書，像煞乃父，金庸端湯到他嘴邊，仍懵然不覺，手不釋卷，專心程度不下於金庸，金庸老懷安慰認定是衣缽傳人。豈料十九歲時，變生肘腋，在哥倫比亞大學自殺身亡。自殺原因，一說是跟女友鬧彆扭，情海翻波有以致之；另說則是因爲父母之間吵鬧，金庸有了婚外情，他無法忍受；又有一說，毛澤東去世後，深受打擊而自盡，純屬名人效應。衆說紛紜，我的看法傾向第二條原因。毛澤東西去，大抵犯不上自殘吧！傳俠據倪匡說，從小對父親有種崇拜傾向，視父爲英雄——白璧無瑕的英雄，如今白璧玷污，傷心透頂，逐以死釋之。他的父親則有自己的看法，說：「他十一二歲就覺得人生沒有意思，他曾寫過一篇文章，說人生下來好像是掉進了深谷裏面，爬來爬去爬得遍體鱗傷，以爲是爬出深谷，忽然發覺其實身處在另一個深谷，就這樣窮一生的精力地爬，深谷無盡，永遠都爬不出來。」可見傳

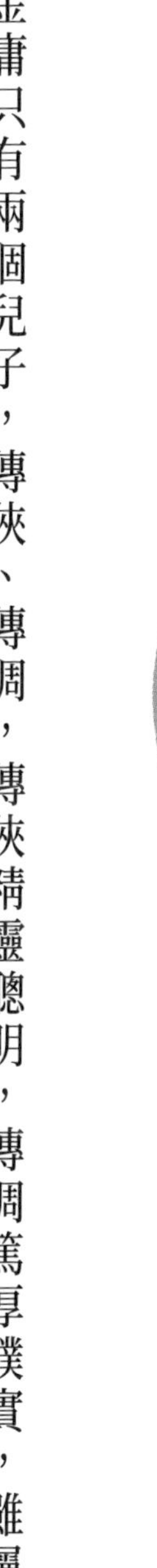

俠自幼便有佛家思想，無法諒解父母分離，不如往走淨土，一切釋然。

在世的父親經喪子之痛後，化悲痛爲力量，全心投入工作，編而優則仕，金庸當上官。八六年四月，金庸出任基本法起草委員會政治體制小組負責人，爲香港的回歸定下法則，茲事體大，金庸覺得中央既把大任降於其身上，他得把事情做好。於是日夜苦思，廣納人言，炮製了第一份草稿，卻遭到反對，只好收回，再跟中共方面的官員商議，去蕪存菁，最終推出了著名的主流方案。金庸心中的「去蕪存菁」，在民主派人眼中成了相反詞——「去菁存蕪」，引起一衆不滿。八八年一月十一日，一羣青年人浩浩蕩蕩開到《明報》大廈大門口抗議。石貝這樣形容：「有一天下午，《明報》門口聚集了十幾二十個學生，叫了一會口號便開始點火燒他們帶來的報紙。原來這是查先生寫關於主流方案的社評引起公衆義憤，學生跑到《明報》大廈前面示威遊行來了，他們指責查歪曲事實，斷章取義，並燒毀當日的《明報》和影印放大令他們氣憤的社評。」

《明報》副總編輯張圭陽也曾指出「在整個八十年代，當香港面對前途問題，在香港回歸中國道路與進程上，查良鏞更扮演舉足輕重角色，他分別出任香港基本法草委會及其中甚吃重的政制小組港方組長。其間，香港進行了廣泛而激烈的政制辯論。此外，在廣東省內大亞灣興建核電廠也引起社會及中港關係強烈分化。其時，《明報》及查良鏞均積極參與其內。」曾任《明報》督印人的吳靄儀則說過，社評涉及中英、中港的事情，永遠不是一個社評主筆的事情，而是查良鏞許可立場。由此可見當時八十年代的《明報》，金庸是操有生殺大權的。

至於金庸為何會蹚這渾水呢？不妨聽聽石貝女士的說法——「查自己早年也很有一番政治抱負，可惜未能實現，這回在香港可以說水到渠成，中共可說是幫助查實現了很多年沒有機會展現的政治理想，也因此決定了查不可能與民主派站在一起跟中共唱反調。」隱隱透露出這時此刻的查先生已調轉了方向：

五十年代離開《大公報》，從當時左的立場一轉向右，現在又慢慢左傾了。

金庸一生何有遇過如此重大的打擊？因而對政治漸漸生厭，痛定思痛，開始籌劃退隱。四月中，胡耀邦北京病逝，跟住連串事件勃生，五月份，北京學生和市民走上街頭，學生運動一發不可收拾，更加深金庸退休之念。五月二十日，金庸辭任草委會的工作，同日在《明報》創刊三十週年慶祝會上宣佈卸下社長名銜，只出任董事長一職。繼而在在第二天，五月二十一日的社評〈既感痛惜，又復痛心〉中寫道——「我們曾經寄以厚望，專重擁戴的政治領袖，沒有主動領導這場愛國運動而和廣大人民群衆站在一起，致國家於磐石之安，健名留青史之功，實令人既感痛惜，亦復痛心。」未幾，發生六四事件，六月四日天安門前，解放軍亂槍掃射，血腥鎮壓。金庸發表「民之所欲，民之所惡」社評。分析鎮壓行動。六月七日社評有這樣一句話——「中共內部將有一種比較開明，較能順應民心的力量崛起，對人民做出適當讓步，取代鄧小平的獨裁

政權。」到這時候，金庸的政治春秋夢開始醒了，痛心非常，曾在社評說過這句話——「人民對這個殘暴政權的支援和期望，也一起被射殺了，輾死了。」金庸的心同樣被輾死了。兒子英年早逝，婚姻觸礁，政治幻滅，金庸內心之苦，非外人所能知。在這時候他選擇退休，投向第三任妻子阿May懷抱，優遊林下，池館幽雅，品茗奕棋，得享前所未有的平靜和溫馨。

離開了政治名利場，金庸趨向低調，先是賣《明報》於于品海，繼而修改小說，推出新版本以饗讀者，人皆以爲金庸求精益求精，我則以小人之心度君子之腹，想法有異，修改固然包括有精益求精的心意，也含打發時間和再賺一筆的企圖。要知金庸新版，銷路看俏，一看俏，腰包漲滿。金庸的新版和舊版都擁有讀者，且因新舊版之爭，令兩版銷路更旣，這是一筆天文數字，可見查老闆的生意頭腦，不遜清朝的胡雪巖也。金庸大約在九一年部署退休，其時年六十七，人生七十古來稀，已入晚年，除了修改舊作，另一打發閒暇的辦法就

是讀書。九二年赴英國牛津大學當訪問學者，後又投劍橋大學，終得博士銜，是名副其實的學者。金庸當學者，人有不同看法，董橋說他本身已有光環，坐着便是金庸，這話說得極好，其實金庸所有名銜，都不及「大文豪」三個字。魯迅大學中退，一生未得博士稱謂，又何有損魯迅先生清譽與一二？由是觀之，金庸畢竟逃不過名韁利鎖。

金庸的三位夫人，獨有第三任夫人阿May，有幸見過三次面。首先要說阿May的英文名字並非叫阿May。金庸喜稱她做阿妹，廣東話不靈光，阿妹就變成阿May，於是人人馮京作馬涼，都以爲林樂怡女士的英文名字就是阿May。這眞是一個美麗的誤會，想知道眞的英文名字嗎？告訴你，叫做Julia，約定俗成，我們還是管她叫阿May！

第一趟見阿May是前年（一七），太陽和煦，中午我跟阿May有個約會。一週前我忽地接到了查二公子傳偈的電話說查太想跟你見見面。我愕然問其

故。回說查太看到你寫查先生跟梁羽生的文章，很眞實，想請你吃午飯一聚。查太有約，豈敢不從？就答應了下來，定在周六午中環國際金融中心西餐廳見面。見面前一天，傳倜來電表示明天他有要事不克來，囑我獨自赴約。那天上，我提早十分鐘到埗，阿 May 已在座，同枱有陶傑。我早看過阿 May 的照片，白如玉肪，風姿綽約，眞人更勝，恍如仙人。他告訴我查先生看過那篇文章，很高興，因而着她請我吃飯，並致謝意。

我有點意外，因爲聽說查先生對我的印象一向平平，爲啥？爲的是我那坐不定、立不穩的性格，做事不專心。七十年代黃俊東，倪匡見我吊兒郎當，太不成體統，想拉我入《明報》做事。金庸一聽，擺手道：「小葉是有點兒才氣，只是不能安心立命，還是叫他多寫些稿子吧！」查先生聖旨一下，《明報》大門終朝我關上，不過尚留半條縫兒，就是可以在《明報》名下任何一個刊物寫文章。因此我寫遍明系刊物：《明報》、《明晚》、《明月》、《明周》，甚

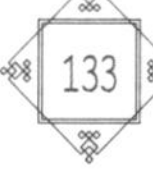

至旁系的《金電視》和《幸福家庭》，《明報》所有作家都沒有像我寫上這麼多的地盤，一月所得，足夠餬口，並可喝杯啤酒。金庸見我次數不多，卻已摸熟我的脾性，教我佩服，眞要謝謝他解決了我當時的生活困境。

言歸正傳，先說金庸看過的那篇文章，內容述及送支票給梁羽生的事。那一年，梁羽生病倒，金庸偕阿 May 往探，有人畫蛇添足說金庸給予梁羽生一張沒塡銀碼的支票。其實非也，我聽梁羽生關門弟子楊健思老師告我，金庸寫好字條壓在枱上，大意是「需要幫忙，請告弟。」金庸看到這篇文章，感謝我爲他辯誣，遂有一飯之請。

同時，我也要阿 May 辯誣，有位吳康民博士在某報寫查夫人，竟說是陪酒女郎，錯得離譜，絕非事實；石貝也有在她的著作《我的老闆》一書裏，如此形容——「在香港報界傳說的是，當年前妻朱玫（孩子們的媽媽）跟查先生交惡，查先生心情不好，和其他朋友去北角麗池一家酒鋪喝酒，一位報界老

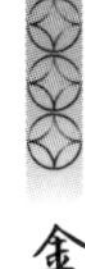

總將陪酒女郎阿 May 介紹給查並囑他不要認真，交個朋友算了，畢竟阿 May 還小，後來才得知阿 May 當年只有十八歲。」文章說對了一半，查、林相識的地方的確是麗池，但不是酒鋪而是金舫酒店七樓的蜜月酒吧，阿 May 亦非酒吧女郎而是十六歲女侍應（詳情何如？讀者可參考《金庸逸事》第三章〈金庸三段五味雜陳的婚姻〉便可，此處不再贅。）足見人言可畏，能傷人也能殺人，阿 May 給抹黑了那麼久，這是很不公平的。

我本非專家，對金庸最感近興趣的，並非他的小說（我已看過無數回了），而是他的個人生活，也就是私生活。名人私生活，如果材料多，足可成書一卷。查先生有甚麼私生活？其實無所可述：下午出門，回報館工作，晚上回來吃點東西，看一回書便休息。一年三百六十五日，除了出差或旅遊，日日如是，平淡枯燥。金庸眞是一個不懂情趣的男人，阿 May 告訴我他常常坐着沉思，不知他在想甚麼？我聽了有點失望，這樣看，金庸的私生活絕對沒有倪匡那麼豐

富多彩。倪匡燈紅酒綠，呼朋喝友，結伴成行，歡樂無窮，跟金庸正好相反，只會下下圍棋、呷點老酒、打打沙蟹，踏入晚年，這三種嗜好都沒了，平日看書消閑，說話不多，遑論情趣。

金庸晚年得病，其實是老人病，腦退化，記憶漸退，耳目不靈，行動不便，就是體能，也循日遞減，直至油盡燈枯，駕鶴西歸。人人皆知金庸病了，只是不知詳情。問過陶傑，也說並不清楚。阿 May 善待金庸，雇了四名護士，廿四小時輪流看顧。最好的醫生、最體貼的女護士、盡心盡意的賢妻，病中，仍享幸福。

一頓飯吃了兩個小時方分手，司機來接，我跟陶傑在停車場分手，步出大廈，和風習習，心中卻記掛着金庸的病。

第二趟再晤阿 May，只是匆匆一瞥。金庸館開幕，阿 May 以主家身份出席，奇怪的是悄悄雜在人群中，沉默是金，低調得教人詫異。我還是在轉角處

湊巧遇到她，輕輕叫了一聲「沈先生」，背轉身就走了，流星一顆，倏忽不見。

到第三趟，阿 May 已成未亡人，吳思遠要我約她見面，有些事情想同她商議。我致電，爽快地應承了。星期六下午，我們在中環上海總會貴賓廳見面。經年不見，有亡夫之痛的阿 May，乍看並沒有甚麼異樣，剛從南韓旅遊歸來，顯得爽朗活潑，因多帶了一位秘書前來，連說「對不起，我多帶一位同事，她是專門負責查先生小說版權。」這位吳秘書，以前我也曾在電話裏跟她打過交道，是一位實事求是的忠心職員。這時距金庸離世已有兩三個月，出版界出版金著的熱潮未消，不少出版社把他的作品推上架，還有他的專論，《明報》月刊集中各方名人專家搞了一個特輯，發刊後，集之成書，資料豐富，趣味盎如。我也動筆寫了《金庸逸事》，中國版易名《金庸往事》）。此番商議有二項，一是知會查太會有中國版《金庸往事》，二則欲購金庸小說的播音版。

先說第一項，阿 May 表示只要「沈先生寫，我無異議。」聽了，心頭大

石掉落地。因爲這本書，阿倜跟我鬧情緒，他要我停筆，以爲這是對金庸不敬。我則認爲只要不涉及人身攻擊，並無不妥。何況我這本書，早在一七年初已動筆，往後陸續寫了一些。到一八年二月十三日，妻子去世，傷心欲絕，輟了筆。後來吳思遠兄勉勵我再寫下去，勉強握管，邊想邊寫，強忍痛苦，完成全書。說也湊巧，書成那天，就收到田啟文兄訊息，告以金庸去世了。我半信半疑，以前多有類此傳聞，去問陶傑，始知這回是事實。九十四歲的金庸，終於擺脫人生苦痛，趨歸淨土，跟至親相見，未始不是幸福。所以我沒有像陶傑那樣落淚，只在心中默禱查先生一路好走。態度大抵跟阿 May 相同，輕看生死，淡然自處。

別看輕她是女流之輩，堅強果斷，更勝鬚眉。解決了中國版的問題，轉而談播音版權。阿 May 道：「吳導演，你跟吳秘書談吧！查先生的生意我從不過問。」於是商議對象轉向吳秘書。不說不知道，原來金庸所有版權都交託了

廣州一間叫朗星的出版社，廣播、漫畫包括其中，秘書說所以無法答應請求。吳思遠沒沮喪，笑嘻嘻道：「是嗎？那好，希望下次能合作！」阿May插口道：「難怪查先生說吳思遠這個人很好。」

一頓飯吃了一個半小時，正要告別之際，阿May忽地說：「吳導演，我有一個要求，你可以滿足我嗎？」是甚麼？「我想喝一杯咖啡！」阿May豎起食指：「行嗎？」「行行行，十杯都行！」我代吳思遠回答。吳秘書解釋：「查太每天吃完飯，都要喝一杯咖啡，這是她的習慣。」我跟吳思遠也有這個習慣，飯後一杯咖啡。臨別時，阿May又叫停（莫非還要喝咖啡？）只見阿May滿不在乎地道：「對不起，我褲子鬆了！」一邊說，一邊雪白雙手摸住褲頭向上一抽，神態恍如少女，爛漫天真，了無機心。我幾乎忍不住笑起來，一下子我明白了，阿May，你活脫脫就是金庸筆下的小龍女！

搶發金庸小說——追念金庸去世一周年

上海小李捎來微訊，問起日本武俠小說《柳生一族的陰謀》作者松永弘義生平，他在上海遍查不獲，乞教於我。嘿！以爲我是日本通，實則一竅勿通，只可說是半桶水，甚麼都沾點兒邊，惟松永弘義倒是聽說過的。

七三年秋，日本推理小說評論家權田萬治告我讀日本時代小說，松永弘義絕不可缺。那時候我只知道柴田錬三郎和山田風太郎等幾個時代小說作家，我迷前者的《眠狂四郎圓月劍》，連看幾冊難釋手，整體結構不比金庸，個別場面詭秘奥奇，幽森玄妙，別有勝處。由於權田君的推薦，我特意跑到慶應大學圖書館。館員滿臉歉意道：「不巧得很，書剛借出去了！」爲免我失望，教我選看《葉隱》，說是同級小說，甚或更好。我從書架撿得，坐在長

椅子上，就着秋陽，讀了一個下午，勉強看完（原諒我，其時，我只念了半年日語，程度有限。）大抵明白，對忍術生了興趣。

七四年回港，承林念萱先生介紹，替張徹寫劇本《五毒》，素材卽取自《葉隱》一書。葉隱，隱於葉間，是忍術的一種。國人多以忍術神秘莫測，夜間能辨物，淸朗如白晝，法力無邊，謬矣，忍術不僅不神秘，且合乎於科學精神，如擲霧丸隱身，當跟今日煙霧彈相彷彿；水上飄，一腳踏扁木，倚水而遁；轉身投鏢，見血封喉，中國古時書典早有記述，何神奇之有？可一經東洋人手，脫胎換骨，腐朽變神奇，嘆爲觀止。

再說松永弘義吧！佐賀縣人士，二〇一六年方去世，活了八十八歲，日本大學法律、歷史系畢業，寫武俠小說只爲娛樂自己，主攻歷史學，著作頗豐，影響深遠。《柳生一族的陰謀》七八年經深作欣二拍成電影後，小說以電影鳴，風靡日本，作者之名則不顯，至少跟彼同期的金庸、梁羽生要比他

幸運得多。

人人以為梁羽生、金庸是新派武俠小說始祖，只說對了一半，在他們之前，其實已有新派武俠小說，這便是高旅（邵慎之），以牟松庭筆名撰寫的《山東響馬傳》（與民國姚民哀的小說同名）。五十年代初，高旅筆耕不輟，商報創刊，總編輯李沙威約寫武俠小說，就交上一篇《山東響馬傳》以饗讀者。高旅非山東漢，緣何會寫山東響馬？高旅自述云——「我無意中看到報紙上的娛樂廣告，新馬仔出演山東響馬，靈機一觸，用此題材、寫成小說供《商報》。」李沙威無異議，小說刊出後，未能引起預期的哄動。老朋友羅朗析道：「讀過高旅作品的人都知道高旅文字風格欠缺浪漫，雖然題材略新，但橋段還是很傳統的。」除高旅外，還有江一明（顧鴻）的《珠海騰龍》，彼以此清還所有債務。迨金、梁冒起，高旅登時給比下去，意興闌珊，下堂求去。金、梁的武俠小說，借鑒外國小說《牛虻》、《基度山恩仇記》、《三

劍俠》的寫作技巧，添上愛情浪漫，招引了大量讀者。我看過高老兄的《山東響馬傳》，風格接近梁羽生，文筆不俗，獨欠靈巧，惟高之不靈巧尤甚於梁，如此安能立足於武俠文壇？還原翰林子墨更足逍遥。

五十年代中期，金庸跟《大公報》政治立場相悖，另起爐灶，五九年五月二十日創辦《明報》，他的武俠小說更上層樓，讀者倍增，受歡迎程度，駸駸然凌駕梁羽生之上，左派文人大爲厭惡，群起攻之。九十年代有人將金庸跟魯迅、茅盾並列，引起爭論，不說魯迅，金庸確然在茅盾之上。金庸小說洛陽紙貴，除了香港，東南亞各地報章爭相刊登。羅朗述說情況曰：「海外報紙都常轉載香港報刊的文章，香港就有人專爲他們做剪報工作，著名老作家如高貞白先生就曾受南洋方面所出版的報紙委託做剪報工作，每天用航空寄出……不少辦報人幾乎是靠一篇武俠小說爲賣點而得以維持。」足見金庸小說，魅力無法擋，左派詈罵，人當耳邊風，哚你都傻！小說初時由鄺拾

一九九六年二月五日下午四點，金庸與上海文化人周清霖合照於香港山頂道一號查良鏞府。

記輯成薄薄一冊發行，後轉交上海書局。金庸拍檔沈寶新親送樣本要求主發行部的羅琅訂書，欣然接受，每次去貨，數以百計。後來交由三育圖書文具公司發行，封面白底紅字，內附繡像一幅，十分醒目。邇後，《明報》成立出版社，金庸小說統歸旗下，哈公主政，發行折扣高至八折，大店賒帳，小店現金，不送貨，條件苛刻，登門者不絕。

金庸的背後

金庸去世，坊間說他，譭譽參半。粗略數之，毀多於譽，頗出人意料。正面說法多集中在他那十五部小說，無瑕可擊，無疵可尋；負面評論則詈彼在政治立場上，搖擺不定，待人亦不如己。年已古稀，我的政治大門早已關上，無所可評。這篇文章就只說說金庸背後瑣事，聊供讀者談佐可矣！

上世紀八十年代我應利文出版葉鴻輝先生之邀，寫了一本《金庸與倪匡》，出版後，很受歡迎。此書都九萬字，其時精力過人，四天完稿。倪匡看後道：「寫得好，有90%的正確性。」當然小疵在所難免。

五十年代初，吳、陳比武，掀起武俠小說熱潮，《新晚報》一舉出現了梁羽生、金庸兩大家。六十年代的香港報壇，提起武俠小說，有「南梁北金」

的稱號，實則金庸祖籍浙江海寧，屬南方而非北方，可香港人習慣把廣東以外的同胞稱作「外江佬」，馮京馬凉，只好從俗。《晶報》督印鍾平告我人買《新晚報》並非看新聞而係追看金、梁武俠小說。有人問金、梁齊名，誰的讀者較多？未做過正式統計，難有準則，若以銷售量言，金庸是後來居上。八十年代，香港興起金庸熱，他的小說，賣至斷市，不少人研究他的作品，金學遂興，開創先河者爲倪匡，他的「一看」、「二看」、「三看」、「四看」……把金庸作品推至高峰。從八十年代開始，金庸的武俠小說銷量已遠超梁羽生，甚而在文學領域，地位也已高於梁羽生。金庸最膾炙人口的小說，莫如《射鵰英雄傳》。日友相浦杲教授看罷，讚嘆地說：「這眞是一本比《水滸傳》還精彩的章回小說，人物生動兼具性格。」相浦當時是日本國立大阪外語大學中國語教授，有此定評，可謂推崇備至。

金庸離《新晚報》出而辦《明報》，因跟《大公報》就難民湧港問題筆戰，

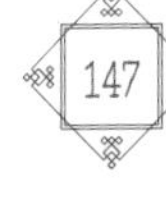

倪匡常看金庸作品，結果「看」到推出了五冊《倪匡看金庸小說》系列。

《明報》銷路騰升成大報。七十年代，報界有句流行語曰「明、成、快」，即《明報》、《成報》和《快報》．言質素，《明報》排榜首，金庸躊躇滿志。只是老闆得意，夥計氣綏，《明報》薪酬不高，至少比不上某些大報。那就奇怪了，薪酬低，爲何還幹下去？這就涉理想的問題。我常聽得《明報》人員這樣說：「有查先生領導，我們感到光榮。」無疑是個人崇拜，出於自願，沒半點牽強。當時的《明報》可說是家庭企業，金庸乃高高在上的家長，沈寶新爲保姆，員工是孩子。

七十年代中期，周恩來、毛澤東相繼去世，中共政治形勢動盪，《明報》評論受到中外人士注意，不少日本記者千里迢迢跑來訪問金庸，英、美報界也知道香港有個叫路易查（金庸英文名字）的報人。能在《明報》副刊上寫稿，是極大的光榮，光榮歸光榮，《明報》稿費少得可憐。《明報月刊》老總胡菊人月薪四五千，到他蟬曳殘聲過《中報》，薪水僅八千。副總編輯黃

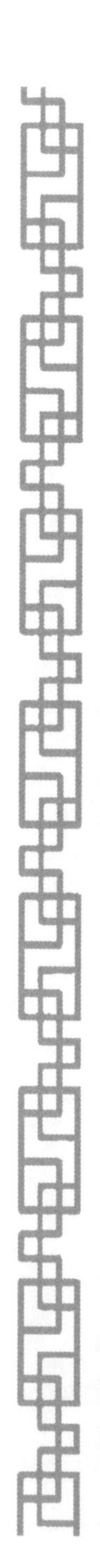

俊東退休時，薪水兩萬左右。薪酬之低，得未曾有。《信報》社長林山木若然留在《明報》，哪會有今天！想要明天會更好，惟有離《明報》。七十年代至八十年代中期，我常去《明報》串門子，上至老總，下到員工，無一不熟，雖不曾在《明報》工作，對《明報》很有一份難以描摹的感情。《明報》怪論，獨步於時，始創者是三蘇，過世後哈公補上。哈公即許國，資深電影人，早年跟金庸在長城工作，後入《明報》，掌管出版部。行文辛辣，振筆猛批共產黨，頗令中共不快，金庸備受壓力，偶予以刪削，引起哈公不快，興罷寫之念，後獲平息，兩者之間已有裂痕。未幾金庸興革，委鄭君略主出版部，哈公權旁落，在跟我和俊東茶聚時，不免有所怨，拍枱大罵金庸不夠朋友。

《明報》員工薪酬低，稿費不高，跟金庸性格一貫是節儉持家有關，毋妨舉兩個例子說說。倪匡跟金庸一起光顧日本料理吃神戶牛肉。金庸捨不得吃，點三級，比他窮多的倪匡素嗜吃，挑一級。金庸的大兒子傳俠小時候要

一條高級皮帶，央金庸買，金庸不肯，後來還是倪匡買了送給傳俠。倪匡嘆曰：「查老闆有錢，就是不大肯用。」只是爲金庸工作的人，都佩服他的文才，甘願爲他賣命（詩人蔡炎培是典型的例子）。人生得一忠僕，已可無憾，況乎幾十人？不成功者，稀矣！可成功只爲金庸帶來寂寞和惆悵，身邊好友漸漸疏遠了他。倪匡在八十年代曾跟我說：「我從不主動找金庸，只有他找我，他有錢，我找他幹啥？」就連張徹這個最佳電影拍檔，八十年代中期之後也很少跟金庸見面。一個人的財富多起來，地位亦會隨之提升，以前的朋友望而卻步，自不敢來往。

許多人說金庸迷戀夏夢，是耶？非耶？哈公說金庸當長城編劇之際，對當家花旦夏夢大有好感。五十年代香港影壇有兩大美人，右派葉楓，綽號「睡美人」；左派夏夢，人稱「長腿姐姐」，二姝紅遍影壇，影迷無數。小編劇金庸哪敢追求，只好愛慕藏心底。金庸多情，我曾跟倪匡說過：「查先生心

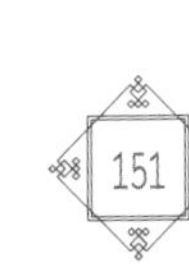

圖爲金庸的兒子查傳俠，及女兒查傳詩。

中永遠有王語嫣那樣美麗的女性存在，而他自己則比作段譽，是心地善良正直的獃小子，一旦愛上，甚麼都可以拋棄，只求長相廝守。」金庸小說的精髓在於一個「痴」字。

人無千日好，花無百日紅，花甲之後，金庸思退，賣報于品海。許多人說他是因爲兒子去世，政途多舛，意興闌珊。其實這裏還有一段插曲，話說八十年代，香港有一位鐵板神算大家，技藝不遜董慕節，甚或過之，便是秦抱石。秦師父算到金庸六十歲後有大難，金庸深信不疑，遂興退休之念。上天弄人，事實證明金庸得享高壽，秦抱石卻活不過九七。能算而不能自算，神數豈能盡信！（友人乃相學名家，算我長壽，但願他是對的，哈哈！）

金庸就是金庸

金庸逝世，萬衆同哀，我忝爲其一，惟哀者非其年老去世，而係文豪不再。人人說金庸了不起，怎的了不起？一句話，雅俗共賞，達官貴人，林下名士，販夫走卒，讀之皆不忍釋卷。世上有華人之處，必有金庸小說，流傳至廣，柳永不逮也。年來，分析金庸小說專著亦復不少，倪匡、陳墨、嚴家炎，楊興安等，各陳其說，卓然成家。珠玉在前，不敢掠美，毋妨說說身邊瑣事以饗讀者。

金庸三段婚姻，前二段均以失敗告終，獨有中年後的那一段，維繫至今情不變，因兩人年齡差距頗大，事前無人看好，倪老爺一瓢冷水澆頭淋，呱呱大叫：「老查格段婚姻我勿看好嘎，老夫少妻難長久。」天下事，無絕對，

慧黠如倪匡，也有漏眼時。查太阿May十六歲遇金庸，今逾花甲，恩愛逾恒。倪老爺子今回眼鏡砸爛，滿地碎片矣。芸芸諸友中，《明報》大掌櫃戴茂生慧眼別具：「我覺得查先生跟阿May會長遠，他倆的關係很有趣，既是夫妻，亦似父女。夫勤妻賢，父慈女嬌，打風不掉。」當時無人信服，如今戴公墓木已殘，不得不佩服他看人測事之明。阿May未識金庸前，是北角金舫酒店七樓蜜月酒吧的女侍應，芳齡十六，攢錢留學而當臨時工。某夕金庸上酒吧寫稿，阿May上前招呼，日久，成了忘年戀（註：有關阿May出身，傳言頗多，大多係穿鑿杜撰，伊非風塵中人而係兼職求學的乖乖女）。

今年（二〇一八年）十月一日，我重遇老同學陳冠生，他是七十年代阿May的同事。在WhatsApp裏這樣說：「金庸現任妻子Julia是我七十年代的同事。老闆是美國人，他擁有Jeans East、假髮廠、泛亞電影公司、廣告公司等等。那時我們一班同事經常出來玩，很開心。她在公司是出名靚女，

很多人追她，唯獨她只喜歡金庸。她說金庸很細心，品格高。」重品格，輕金錢，幾十年來阿May都緊守。貴爲查夫人，她低調自處，從不揄揚，傳媒邀訪，都會以金庸所創凌波微步，偸偸溜掉。陶傑見她勞碌，勸她旅行散散心，婉聲推拒，並說：「目前最重要的工作便是一心一意照顧金庸。」以金著喻之，活脫脫便是小龍女。

有人以爲金庸拙於辭令，實則非也，江浙人士，粵語多不靈光，一講，準吃螺絲；若然易以上海話，當會口若懸河，滔滔不絕。我可沒亂說，實有明證。七十年代初訪渣甸山查宅，用滬語採訪，說話順溜，沒半點兒拖沓。上海老大哥周淸霖早年來港訪金庸於山頂道大宅，滬語交談。回憶道：「人家講金庸閑話勿靈光，啥價事體，流利得弗得了價哉！」非獨不拙於辭令，還口舌便給哪！七十年代《明報》獨樹一幟，作家爭爲副刊撰稿而不得。蔡瀾亦係其一，結果由倪匡施妙計賺得查先生青睞，得償所願。可明報稿費其

實不高，以我爲例，一千字六百五十，他報八百字，一千大元，可見差距。男作家心寬皮薄，不便作聲。女作家不同了，亦舒、林燕妮不服，雙雙要求加價不果，寫文章怒責金庸刻薄吝嗇、編輯大驚，請示查老闆。金庸回道：「罵由他們罵，稿子照登。惟稿費一個子兒都不加。」二妹不服，口誅筆伐。查大俠嘻嘻笑：「林姑娘，你有了錢亂花，加了也花掉，加啥！」又對倪小妹說「呀！倪小姐，你工作忙，沒時間花錢，加了不用，加啥！」兩大辣妹子啞言無語，乖乖，稿子照寫。

金庸一生喜讀書，求學問。董橋悼他云：「金庸先生一生讀書，晚年還去英國讀博士，那是他的抱負他的心願。其實，金庸坐在那裏不說一句話依然是金庸，不必任何光環的護持。」正合我意。查老一去，文壇寂然，萬丈光芒何時重現，我問誰去！

四大才子自何來？

如今，香港四大才子之名，早已如雷貫耳，無人不識，無人不曉。四大才子中，三人俱落葉飄零，永別世間，獨剩一人，顧影自憐，落寞神傷。聚散匆匆，生死有時。（在世才子蔡瀾，近年以身體欠佳聞。近略癒，重復活躍矣。）

近日，江湖有人提問：四大才子之名自何而來？一時答案風起雲湧，擾擾攘攘，難有定論，真相何如？經追溯梳爬，大抵出自〇八年「三聯」轄下「利文」出版社所出的《金庸與倪匡》一書。〇八年「利文」主編舒非女士找我，欲再版《金庸與倪匡》，編委以內容稍嫌單薄，建議加入蔡瀾。我當無反對，於是去冗添精，搜輯補佚，改名《香港三大才子——金庸、倪匡、蔡瀾》，銷路不俗，三大才子之名遂一錘定音。書出版後，有讀者指責欠缺黃霑，太不公

平，更由於倪匡、蔡瀾、黃霑三人曾合作電視節目《今夜不設防》，實宜乎補入，我亦頗有此意。爾後，舒非女士另有高就，「利文」又無跟我再聯繫，此事作罷。不道何故，後有人口頭補入黃霑，「香港四大才子」之名由是流傳。

前年（二〇二〇年），中華書局黎總編輯跟我商議，欲把《三大才子》擴充，多添一、二人，我想了想，說「把董橋、陶傑一併加入吧！」黎總編輯表示可以考慮，卻是像斷了線的鷂子，無聲無息，此事作罷。最近，臉書上有人指出，早於〇四年，「巴蜀鬼才作家」魏明倫先生已爲香港四大才子正名，並曾撰文分析四人風格，故應列在《三大才子》一書之前（亦有可能鬼才目睹四人名字、作品，喜之愛之，靈感所使，定之爲四大才子）。書友有所不知矣，《金庸與倪匡》初稿成於八二年間，由「利文」出版兼發行。其時，坊間似仍未出現介紹「金、倪」專書，而將兩者並列，稱之爲才子者，亦應發軔自此書。

說到《金庸與倪匡》，有一段故事足可記。八十年代中，倪匡跟「博益」

四十年出版的《金庸與倪匡》，如今成爲金迷倪迷的珍藏本。

因版稅、出版速度太慢等種種問題鬧翻，一氣之下，欲蟬曳殘聲過別枝，其時我主編《翡翠周刊》，連載《亞洲之鷹》羅開傳奇，《翡翠》的發行正是「利源」書報社，老闆葉鴻輝乃我宗兄，跟他商議出版倪匡另類科幻小說，二話不說，答應下來。爲出版倪匡科幻小說，利源特別成立「利文」出版社，專事出版倪匡小說，開山作便是《通神》。

看到小葉勞心勞力，倪匡兄有意提攜，建議「利文」爲我出一本書。寫甚麼好呢？葉鴻輝眯着不大不小的眼睛，笑道：「你跟倪大哥如此相熟，就寫一下他吧！」我自無異議，倪匡從旁加了一句：「不妨把查先生也寫進去。」倪匡、明報中人包括黃俊東、戴茂生、王司馬、蔡炎培、哈公、陳東、吳志標等，提供資料，東拼西湊，遂成《金庸與倪匡》，此書共出了三版，我拿稿費，所得不多，不意後來卻成爲內地專家研究金、倪兩人小說的重要參考書，各大學圖書館均有收藏，影響至大。此書出版後，金、倪始並列，

復被譽作報壇兩大才子。

蔡瀾是南洋人，父親協助邵氏南洋影事業務，是邵逸夫的世侄，出自此種關係，蔡瀾順利進入邵氏製片部工作，得蒙提攜，青年蔡瀾悉力以赴，不幸偏遇方逸華入主，一人之下，萬人之上，書生蔡瀾宅心仁厚，何能應付老練蒙娜方，投閑置散，製片部無事可做，只好利用閒暇，在大檯子上寫字、寫畫，花鳥蟲魚，皆彼所擅。好學不倦，投師大家馮康侯門下，跟我同學鄧昌成成了師兄弟。七十年代，我跟倪匡某日黃昏到百德新街馬天奴咖啡室喝咖啡，碰巧遇到蔡瀾，倪匡作曹邱，說是好白相，從此相識。那年，蔡瀾正好三十出頭，身材高眺，瀟灑俊逸，不做製片，可當明星。廣東話並不靈光，卻是熱情好客，凌子宣傳《原野》蒞港，蔡瀾帶我見她，一番閒聊後，驅車往岳華清水灣家打邊爐。好個蔡瀾，讓我白酒、紅酒、威士忌三大溝，我爛醉如泥，回程，不勝酒意，吐得一塌糊塗，害苦了岳華。拜入馮門後，逢週三必到鰂魚涌麗池大廈

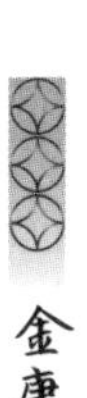

馮宅習藝，課後，常邀我往附近喬家柵宵夜，談文論藝樂何如，那時我已爲《明周》、《明月》、《明報》寫稿，蔡瀾躍躍欲試，說自己文章沙石滿紙，教我一看。媽的，言過其實，精簡清暢，靈巧逗趣，尤勝不少專欄作家，文風近明、清筆記，毋妨多看，因而倡議他讀張岱的《陶庵夢憶》、和《西湖夢尋》。他把書名抄下，呷酒一口說「明天我去買。」嗣後，文字更進。不久，經倪匡引荐，成爲《明報》專欄作家。「邵氏」衰落，加盟「嘉禾」，電影、寫作一手揸，成爲三大才子。

四大才子以年齡排，自是金庸居首、倪匡第二、黃霑挨三，蔡瀾末席。論才藝，金庸武俠、倪匡科幻、黃霑歌詞、蔡瀾小品，皆屬報界精品，鮮有人及。今三大才子先後去矣，獨剩蔡瀾遊戲人間，賢妻（近日妻亦去世）、書迷相伴，豈會寂寞！夜已闌，月如鉤，想起倪匡，泫然欲涕，淚卻難流！

金庸與倪匡的異同

風雨淒淒，夜來寂寂，往事綿綿，不絕滔滔。悠悠中，想起查大俠金庸，浙江海寧人，離世已六年（編註：本文撰於二〇二四年三月，金庸沒於二〇一八年十月），本月（三月）十日正值他百歲冥壽，內地、香港、台灣都有不少追思活動，而當中最起勁、隆重者莫如查氏故鄉浙江海寧。大部份海寧人都以本市出了一位當代大文豪而驕傲，金庸百歲冥壽，豈可馬虎從事？市政府，帶頭籌辦各項活動。二月初旬，接到香港《文匯報》編輯部的訊息，要求我爲金庸的紀念活動題字。哎喲喲！這可折煞我耳，我非書家，一向沒有題字的習慣，字寫得歪歪斜斜難見方家，豈可獻醜？編輯小玲女士說：「沈先生，這可不是我們辦的事，是浙江省海寧市政府提出要求的，我們只是轉

述訊息罷了！」自古以來，官字兩個口，只好獻醜不藏拙。話雖如此說，能爲前輩金庸題字，葉家墳墓冒青煙，心裏面實在感到榮幸、高興。

過去的歲月當中，的確寫了不少關於金庸的文字，結集成書者，也有《金庸與倪匡》、《金庸逸事》，至於其他稿件、散見於各大報章、雜誌，更是不可勝數。正因如此，人家就以爲我是金庸專家矣。實在太抬舉我了，若跟倪匡《一看二看三看金庸》、陳墨《金庸小說賞析》、楊興安《金庸小說十談》等相比，我大概是大海中的小鱉。我是一個金庸武俠小說愛好者，故事看得有趣，介紹他人看，勝任有餘，說長道短分析，卻非我這個進不了大學門檻的老頭兒所長，胸無點墨，咋能月旦？一直以來，我總以爲小說最好用來閱讀，個人喜歡至重要。人家說人家，我看我自己，體會便可，小說一解便俗。

最近有電視台來訪，要我說說跟金庸的交往，大抵以爲我跟查先生至爲相熟，謬矣！其實並非如此，我前後見過金庸不超過十趟，吃飯也只吃過兩、

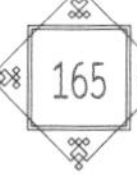

三回，說不上相熟。有多少了解，全然通過一次訪問，其他都是道聽塗說，間接聽來。不諱言，我跟《明報》中人十分相熟，像倪匡、阿樂、戴茂生、潘粵生、哈公、黃俊東、胡菊人等，都說過不少金庸事蹟，這群人當中，又以金庸身邊兩位「韋小寶」：倪匡、阿樂說得最多而傳神，默記心中，咀嚼過後，吐出就成了金庸傳奇。

金庸與倪匡是老朋友，金庸年長十二歲，有相同之處，也有互異之所，不妨聊一聊。

先說相同之處，都是當代大作家，金庸武俠、倪匡科幻，難有再來者。兩人同是浙江人士，金庸海寧，倪匡鎮海，卻都不算是上海人。難怪倪匡從來不以上海作家自稱，他跟我說：「在香港，能稱上海作家的，只有你小葉！（依達也是）」話沒說錯，我生於上海，崇明島人士，正是地道的上海人。金庸、倪匡都喜歡看書，金庸太太林樂怡女士告我：「查先生在家中很少說

話，大多數時間都在在看書。」倪匡亦然，寫作、喝酒以外，便是看書。

至於相異之處，端在於寫作態度。金庸曾說過：「我自小就喜歡看武俠小說，中國比較出名的武俠小說相信看了百分之九十以上，包括好的、壞的。當然各時代有各時代的特色，近代的我較喜歡白羽。寫小說，我對人物塑造比較重視一些，當初寫小說時，只會有一個輪廓，然後慢慢發展，小說在報上連載，並未刻意寫一部步文學作品，只望讀者喜歡看，看後高興就是。一部小說，人物很重要，因此必須有鮮明的性格。故事情節大可以隨時變動，人物性格卻要得很清楚，很透徹才成。」金庸寫作速度並不快，因爲每天都在報紙上發表，每次只能寫千來字，寫的時間約莫一小時卅分鐘左右，下筆卻要相當時間去構思：「例如每篇的細節如何發展和連續等，我個人認爲小說中的人物比較重要，故事峰迴路轉令人目不暇給，但對人物性格的塑造就不能疏忽。」還有金庸對自己的作品十分重視，字斟句酌，馬虎不得，同一

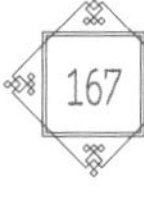

部小說因而有一版、二版、三版。

咱的倪匡，大不相同，撥出的水，就不願收回來，矢言永不修改。彼之小說只求重情節，不重性格。日友小島末夫，諳中文，看了幾十本《衛斯理傳奇》，曾對我說道：「倪桑的小說，嚴格而言，不能稱爲小說，充其量只是類似中國流行的說書罷了！若能寫時用心，寫後修改，效果會好一些。」他哪知道倪先生一小時寫四千五百字，哪有時間斟酌！（喂喂喂，老子要去喝酒泡妞呀，哪有功夫閒坐着！）

曾告知倪匡，照例「哈哈哈」三聲笑：「我可沒有老查的勁道，世界上的小說哪有完美無瑕的？即便是《紅樓夢》，要改嘛，還是可以改的！」聽來、眞有幾分道理！

還有一點，金、倪對待婚姻的態度，也大不相同。金庸前後結婚三次，而風流倪匡只有一次。他的宗旨，酒後對我說過：「小葉，做男人，老婆只

能有一個，但女人可以有一百個，哈哈哈！」因此，絕對反對金庸離婚再娶。今夜，冷雨紛紛，寒風陣陣，故人已去，問道無門。人曰——「莫道天涯知己遠 有緣何處不相逢」相逢應在天堂中。

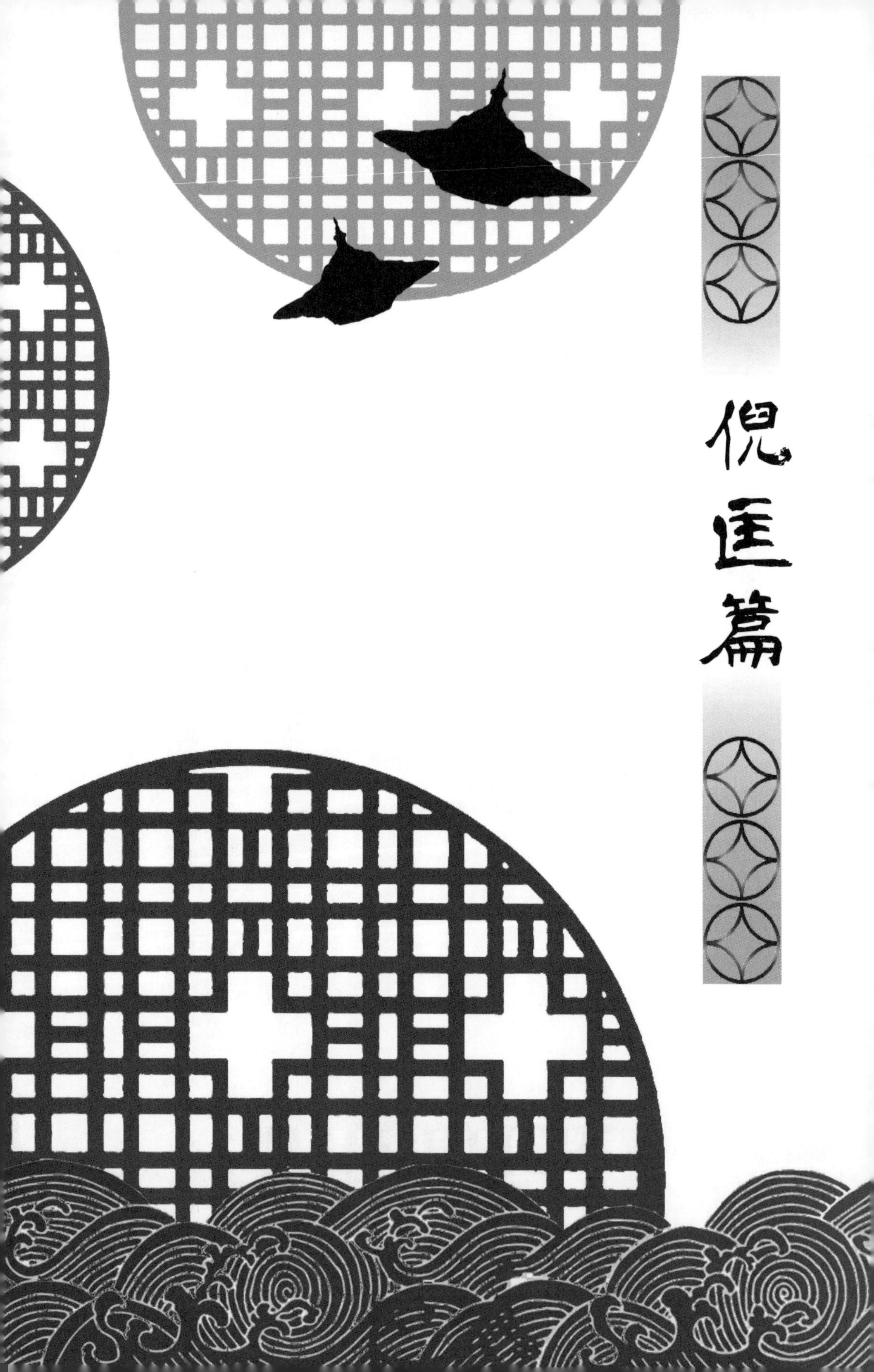

倪匡篇

智者倪匡——三種蠢人

算起來已有多年未再見過倪匡了，記憶中最後一趟晤面，是在前年（二〇一九年）書展，他應邀上台見讀者。讀者問，倪匡答。妙語如珠，自詡蠢人，惹得鬨堂大笑。倪匡好整以閒，一本正經的說自己是一個蠢人，引申下去：「蠢人有三種，一是自己知道是蠢人的蠢人；二是自己不知道是蠢人的蠢人；第三種就是自以爲聰明的蠢人。」倪匡當然是第一種，你眞的以爲他蠢，才不呢！知道自己蠢的人，總蠢不到哪兒去，只有自以爲聰明的，才是世界上最蠢的人（世人多類似）。問答完畢，衆人湧上台，我也被朋友推了上去。倪匡一見到我，張開雙手給我一個熱烈熊抱：「小葉呀！我倆許久未見了，今天倪太不在，我可以抱抱你！」本來是高興的，聽了這話，不

期然發楞。三十年前，日夕遊樂，肝膽相傾……一一浮現眼前，這年月，何時何日才能重現？一時間我怔住了，瞧着倪匡發胖的身影，柔和的微笑，我陡地拼出一句話：「大哥，你不是甚麼作家！」此言甫出，衆人皆大吃一驚，說倪匡不是作家？沈西城你腦子進水了！一向脾氣好得超乎異常的倪匡，也勃然色變。他的忠心粉絲施君狠狠地瞪着我，彷佛在罵：沈大哥，你亂嚼甚麼舌頭，這麼熱鬧的場合，你搗甚麼蛋？我不慌不起地道：「大哥！你在我心中不是作家，而是智者。」一聽，臉色頓霽，瞧着我的眼睛，閃起光芒，心領神會，他同意了我的說法。

倪匡是智者，非我瞎說，有事實可據。倪匡棲居三藩市時，偶有通電話。某趟聊起金庸，告以查先生近日篤佛，鑽研佛經。倪匡哈哈三聲笑：「老查讀佛經，越讀越不通。」以爲謔笑，嗣後深思，確有道理，佛經深，泥足陷，化簡爲繁，自己難免也糊塗。

二〇一四年書展照片。倪匡出席講座，主題是「倪匡半生傳奇」，倪匡右邊爲沈西城。此張照片亦是倪匡和沈西城二人最後一次合照，尤爲珍惜。

倪匡七十後，健康不如前，遵友囑往看醫生。醫生見倪老爺子大駕光臨，診症特別用心，左按右壓，最後循循善誘，叮囑倪匡要注意飲食：甚麼東西能吃，甚麼東西絕不能沾，問可有恪守？倪匡仰天大笑：「小葉！醫生叫儂吃慣，一定勿好吃，要儂勿好吃的，一定好吃！」至理名言。你可有享用過醫院的營養餐？淡而無味，食難下嚥，那有紅肉好吃！過了一陣子，又詣醫生，醫生要他減肥，不然有性命危險。倪匡瞇着小眼睛，賊嘻嘻地道：「醫生，我聽你話好不好？」醫生萬分高興，連聲說好，頑石點頭，喜不自勝。孰料倪匡接着問：「醫生醫生，我如果聽你的話，是不是不會死？」天下哪有不死的人，醫生如實以告：「不會」。哈哈哈！倪匡三聲大笑，調皮地回答：「既然聽你話，也要死，那我何必要聽你的話！」醫生語塞，爲之氣結。你以爲倪匡跟醫生耍賴？非也！想想：你聽話也死，不聽話也死，哪又何必聽，對嗎？再說減肥，醫生再三告誡倪先生不要再亂吃，這樣三高會飆升，

嚴重影響健康。這回，倪匡一聽，肅然起立，敬禮鞠躬：「Yes sir，我聽醫生話。」（老頑童眞的聽話了，嘿！原來你也怕死的！）嘴裏客氣，這樣說：「倪先生，我是爲你好呀！」倪匡一本正經地回說：「好吧！先吃完今晚，明天開始戒！」明天復明天，明天何其多，醫生氣得說不上話。

跟倪匡聊天，金句滿口，禪意、哲理並具。舉數例：「生病時，有錢好過無錢」、「錢非萬能，無錢萬萬不能」、「聽君一席話，勝追十年女」、「榮譽博士係一個侮辱」（哎喲！要死快哉！小葉終於茅塞頓開，金庸年逾八十苦讀博士，實源於倪先生之言也。）細細咀嚼，諫果回甘。有人請教養生之道，倪匡回答簡單、直接：「想吃便吃，想睡就睡。」如今八十三歲的倪老爺子，日睡十六小時，剩下的八小時，分配如下：四小時上網，四小時吃飯、會友。老友金庸去世，有人要他說幾句，想也不想便說：「一流朋友，九流老闆。」（金庸必然修正：「一流老闆，一流朋友。」胸襟寬廣嘛，哪會說

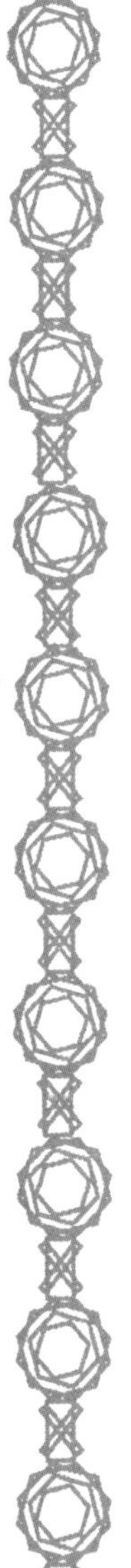

出口！）有人罵他金庸去世，毫不哀傷，理直氣壯回說：「人人都要死，死是必然的事。他九十幾歲死，怎會難過？十九歲死，我就話難過啫！」洒落、坦率、靈慧，毋負智者之名。

配額用光了

倪匡是衛斯理，衛斯理是倪匡，慢慢地，知道衛斯理的人要比認識倪匡的多，人們心目中，衛斯理是探尋宇宙奧秘的專家，倪匡不過凡人一個。我寧可認識凡人，衛斯理到底是虛構的人物，勿要當眞。

認識倪匡近半世紀，當年彼此年輕、天眞，性情相近，言談無隔。都是上海人，上海話溝通，倍覺親切。倪匡廿二歲來港，舌頭發硬，學不好廣東話。他不同意，說「跟舌頭硬沒關係，我天生有言語障礙症。」這是眞話，倪匡這個人除了弄筆桿兒，其他物事，啥都不懂。英文洋涇濱，只會「So what」和「Who cares」，就此走遍美國。不獨學話蠢，方向也辨不來，走進菜館再出大門，認不清東西南北。甚麼都笨，只有寫作靈光，南來六十

餘年，一根原子筆管吃飯，攢了不少，遠比他的同期作家幸福，如今安枕無憂。那些酒檯子上搭子呢，死的死，潦倒的潦倒，辛酸淒涼。

倪匡一生交友無數，知己僅一人，古龍是也。古龍嘛，人人豎起大拇指，直誇「絕頂聰明」。聰明反被聰明誤，掉進了創造的角色裏，把自己看成陸小鳳、楚留香，千金散盡還復來，怕啥？倪匡自小明白「千金散盡有日不復來」，於是賺得的一半，呈奉賢妻，自己花其半，於是晚年無慮。自詡老白臉吃軟飯。軟飯吃得名正言順，怕人不知，透過傳媒昭示天下。

身居香港，離不開粵語，倪匡照講不誤，儂聽勿懂，勿關阿拉事體。八十年代前，倪匡堅持原則：「小葉，阿拉文人，要保持神秘感，勿可以露面。」作家一露面，少了頭巾氣，人家瞧不起。身爲小阿弟，只好有樣學樣，連照片也藏起，不敢曝光。九十年代初，倪匡來個大變身，居然做電視節目了，配搭是鬼才黃霑、食神蔡瀾，三人行，頂呱呱。節目叫《今夜不設防》，

古龍與倪匡爲知心友，如今二者均已作故，在天界再聚。

訪超級明星，嘴巴子活（不不不！要訂正：三人行，倪、蔡兩人只是從旁打哈哈，說話的僅黃霑一人）。蔡瀾能文不善言，倪匡善言，粵語人人聽不懂，只好打字幕。要命的是這個綜合性節目，居然紅火爆燈，眞奇哉怪也！後來做電視不過癮矣，倪匡視而優則影，躍登大銀幕，在《群鶯亂舞》裏，粉墨演嫖客。朋友勸之謹慎爲要，別壞聲名。三聲大笑：「謝謝！頂對我胃口，我就是做自家呀，駕輕就熟！」衆友笑至噴飯。那場戲，倪老爺子給人抬進妓院，醉態可掬。我誇他演得嶄。眼睛骨碌圓：「啥個索細（寧波語：啥事）？我根本吃醉脫，做啥都勿曉得。儂拍儂，我睏我！」呀！眞是笑翻腰。擺倪匡出場，片酬如何作算？「勿多，一日兩三萬。」倪匡笑嘻嘻。我拍過電影，一日港幣五百，人比人，氣死人！

想出百出，九十年代居然移民三藩市，買了幢圓形玻璃怪房子，房間一個，夫婦相依。倪太不慣，回港小休，獨留倪匡孤居。打電話聊天，居然說

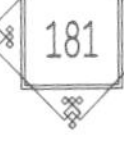

忙至不可開交。一個老頭子忙啥？「小葉，你又搞勿懂，我忙得竅要死。早上起來寫小說、看報紙。下半日剪花除草、洗衣裳。黃昏要到附近超市儲備食物，返嚟煲雞湯，邊有時間？」不忘香港，廣東話出口。甚麼，大作家當上家庭主婦？倪老爺當是一種樂趣。儂勿曉得倪匡有項天大本事，非人人所能爲，就是化枯躁爲樂趣。人視爲畏途，落到他手，變成好玩。套用他的口頭禪，就是「邪氣好白相」。那時，隔三岔五電話報香港近況。某日告訴他金庸正在研讀佛經，他一聽，照例三聲笑：「哈哈哈，老查讀佛經，越讀越唔通。」我訥悶，一逕陪打哈哈。如今鬢添白霜，方解其意：人啊！千萬不要簡單複雜化，而要複雜簡單化。前輩董驃說得好：「心中有佛便可。」何須苦鑽牛角尖。

香港作家林蔭（今亦故去）遠赴三藩市訪他，談起寫作。回說：「我現在寫大不出了，正在炒冷飯。把以前的《衛斯理》找出來，改頭換面抄一遍，賺出版社二十萬，何樂不爲！」（按：此風不可長，他老兄行，你可不行！）炒冷飯，一路到《只限老友》止。寫作配額用光，惟有豹隱。今寄寓香港北角丹拿山，遇到手癢時，便爲青年寫序，男女老幼不拘，有求必應。翻看其序，大同小異，清一色是「有趣、好看！」讀者要他推薦小說，挑了一位新作家，猛說好。讀者狐疑不決，改來問我。一句話「切莫輕信，八十倪老，心腸好，人人說好。」讀者笑壞。

倪匡性格怪，一是痴，一是絕。

先說痴，戀上某事物，痴纏到底。七十年代初，我到他銅鑼灣海寧街寓所作客，其時正在收集貝殼，捧出見示，我根本不懂，只好裝着看，他隨手拿起一塊，道：「小葉，你猜多少錢？」爲難，不敢言少：「五千！」「再說一遍！」「一萬！」「不，不對，五萬！」倪匡糾正。要死，嚇壞我！未幾生厭，貝殼全送人，一片不留。改玩 Hi-Fi，十萬、廿萬一套山水

器材，硬要我聽。我聽了，一個感覺：跟我家的卡式錄帶並無二致，而其價錢僅港幣三百元。後轉去養魚，甚麼金鯉，黑魔鯉、七彩神仙魚……總計九缸，自號「九缸居士」。缸夥，放諸餐桌，日觀夜賞。不旋踵，厭了，Sayounara，毫不猶豫送友人。最後愛上旅遊，一月出門數次，東闖西逛，不亦樂乎，之後反璞歸眞，閉戶靜思。倪匡做人也有個大優點，說一不二，答應的事，赴湯蹈火，絕不推辭。他說寫作配額用完，就是用完，你卽開出千字一萬，心不會動，字不會寫。鎭海倪匡，誠硬漢子也。

講眞的，我從不以爲倪匡是甚麼作家、他聽到了，氣得瞪小眼睛：「我寫了這麼多的書，還不是作家？」扳着臉，嚇唬我。嘿！嚇勿到我呀，大阿哥！我腰板直，胸膛挺，輕描淡寫：「儂是智者，遠比甚麼作家高明！」聽得這樣說，怒氣全消，臉上現出笑容，如初夏朝陽。

號稱智者，何以見得？用說過的語錄以見其槪：

（一）「小說只有兩種、一是好小說，二是壞小說，好小說能看下去，壞小說看不下去。」

（二）「寫作沒得教，全然靠天份。沒有的話，去幹別的事。」

（三）「要寫就寫，千萬別拖！」

（四）「醫生要我聽話、我問聽話是不是不會死？醫生說不會呀！我說哪我幹麼要聽你話！哈哈哈！」

凡此種種，皆智慧之言。最近倪匡說很多配額都用光了：喝酒配額完蛋了，生命配額也差不多耗盡！千萬別為智者倪匡悲傷，他視死如歸，有先見之名。

倪匡教我永難忘

冷雨霏霏的七月三日周一午後四時廿分，吳思遠傳訊說：「傳倪匡過身了！」嚇了大跳，忙問消息何來，可靠否？答曰：「有朋友爲倪家做事說的，我不敢肯定。」叮囑我好好的查一下。我立即電施仁毅，這幾年，他們夫婦倆一直照顧倪匡夫婦，施太更認了倪太爲誼母，是名副其實的母女，關係密切，自是知情人。電訊傳過去，沒回音，留口訊，也不獲覆，頓時咯噔一聲，不妙不妙不妙！想起住在山上的查太，傳訊探問，回道不知情，未聽說過。金庸逝世後，兩家少往來，那只好麻煩遠在倫敦的陶傑，渠道衆多，消息靈通，金庸去世也是他轉告我的。

一通電話掛過去，問是否眞的？「百分之百眞，前幾天我跟他作視頻，

上氣不接下氣，我心老大不安。」問何時去世的？「今天下午在療養院走的。」後來才知道是指黃竹坑南朗癌症康復中心，那地方是專事服侍照料癌症末期病人。再問是甚麼病？則語焉不詳。掛上電話，我在臉書上寫着「倪大哥下午走了」，聊表悼念。不料犯下大錯，傳媒電話如浪潮般湧來，異口同聲問倪先生怎樣了，眞的走了嗎？很多人覺得倪匡去世非常突然，而我並無這種感覺。六月初，心血來潮，打電話給他，接聽後，問健康？聲音低沉無力：「小葉，我身體大壞，一天睡廿個小時也不夠！」睡廿個小時，一天，豈不是只剩下四小時了？前兩年，他曾告訴我將一天廿四小時，劃分爲三節，每節八小時，八小時睡覺、八小時看報，讀書、講電話、八小時三餐進食，休憩。可現在睡足廿小時，剩下四個小時，吃飯、看書，這正說明體力大幅度下降。電話中不便多談，心有不祥感覺，只好說「倪匡兄，你多保重。」掛了線，這也是我跟他最後一次通話。

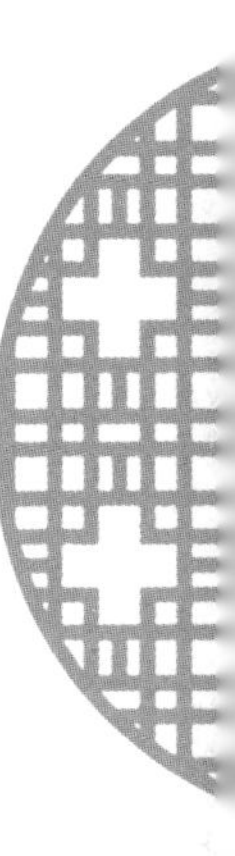

倪匡九二年移民三藩市，行前一夜，倪匡夫婦、跟我一對和薛興國夫婦在北角雪園晚飯，飯後，倪匡夫婦乘的士回家，上車前向我遞了個眼色，我點頭表示明白，那件事我一直保密到他乘飛機離去。其後，薛興國離婚再婚，兩年前自殺身亡，我妻亦於四年前癌症去世，今日倪匡亦乘鶴西歸，世事殊不可測。零五年回流後，我只見過他兩面，第一次是詹培忠設宴佳寧娜接風，座上有倪匡夫婦、李文庸，我乘倪匡上洗手間時，向他說「抱歉」，他擺手道「小葉，我沒有問題，我跟倪太說說，放心！」終是沒了下文。第二趟相見，已是一九年的書展，倪匡演講後，我走上台向他打招呼，一見到我，第一句話便是「小葉呀，倪太今朝嘸沒來，阿拉先來抱抱？」相擁偎傍，友情在心裏流，豈料這卻是最後一面。三年後聽到噩耗，我有點茫惘然不知所措，倪匡兄眞的悄悄地走了，傳媒要我發表一點感受，實在說不出來，逼得緊，只說了「像倪匡那樣的作家，日後怕不再有了！」寥寥幾句，勝過千言萬語。

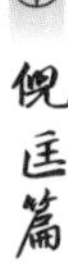

倪太晚年患有腦衰化，倪匡全心全意照顧妻子，更覺太太可愛。

放下電話，呷了口熱騰騰咖啡，時光迅卽倒流到七零年初遇倪匡的情景，那年新都城酒樓開幕試菜，倪匡偕金庸出席，老大哥方龍驤引見，知道我是上海人，高興莫名，拉着我的手說個不停。那時候倪匡的《女黑俠木蘭花》非常紅火，萬千讀者着迷。忍不住告訴他我就是《木蘭花》的校對，他打個哈哈「小葉，原來阿拉神交已久！」說也奇怪，自此「小葉小葉」直喊到他去世，從來不叫過我「沈西城」。叮噹叮噹，快要開席，他拿起枱上一張小紙，用筆寫了幾行字交到我手上「這是我家裏的地腳印，儂有空來白相。」我一看，寫着——「銅鑼灣百德新街海威大廈2樓B座」。我年少膽子大，過了幾天，眞的打電話去要往拜訪，他熱烈歡迎。他家很大，三房兩廳，沒有書房，三房的分配，倪匡氏夫婦一間，大小姐倪穗佔一，二少爺倪震單泡（一個人）。他寫作的地方是在客廳，大書桌靠窗，面對兩個大櫃子，裏面擺滿貝殼，指着琳瑯滿目的貝殼，不住闡述，我是聽得一頭霧水，滿不是味兒，

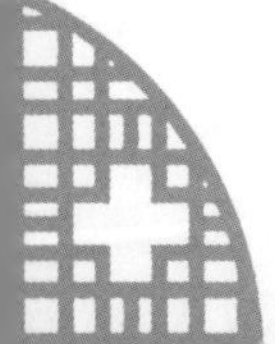

得想個法子讓他住口，於是說「倪匡兄，嘴巴乾！」「好好好，不要喝汽水，吃老酒！」正合我心意，開酒櫃，拿下一瓶藍帶開了，兩個人，他坐書桌上，我倚沙發對飲，你一杯，我一杯，聊至夕陽西下尚未休。

八十年代初，我出任《翡翠周刊》主編，請倪匡寫《亞洲之鷹羅開》傳奇，往來更密。我很少主動找他，每次都是他先找我，只爲兩件事：一是「小葉，一個鐘頭後，杜老誌道等。」那就是吃喝玩樂要開始了，同行還有阿樂，他有汽車，當司機兼保鏢；再者就是問問老葉甚麼時候付版稅。老葉葉鴻輝是香港三大發行之一利源發行的老闆，轄下有個出版社利文，倪匡的《亞洲之鷹羅開》就在那裏出版。說起來，倪匡小說，《衛斯理》由明窗出版，《原振俠》博益包辦，由於跟博益因版稅問題，鬧得有些少不開心，倪匡跟我商量想找別的出版社，我就介紹了利文，利文由此發了一筆財。至於出版過程，則頗迂迴曲折，篇幅所限，下次再爲諸君告。

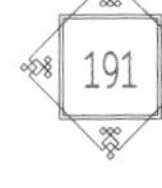

他是一個快活人——回憶倪匡

倪匡駕鶴而去，萬人哀憐，從記憶中挖出其人韻事以資追想，正是最好的思念。倪匡作品繁多，《女黑俠木蘭花》轟動一時，第一集的稿費每千字八元，四萬五千字，能賺多少？不過，四天寫一本，一個月收入也有一、兩千元，六十年代不簡單了。後來，《木蘭花》暢銷，向羅斌不住提加稿費，最後千字一百大元，鐵算盤羅斌啪啪啪一算，沒錢賺了，婉拒，《木蘭花》從此香消玉殞，讀者大慟，倪匡曰「關我鬼事」。

講到吃，倪匡絕對是專家，論喝，更是專家中的專家，倪匡不寫食經，是讀者們的損失。旅遊女作家梁多玲請吃飯，菜式豐盛，倪匡在女人面前不能白吃，佔便宜的事不能幹，於是還禮答應免費報效食經數則，梁多玲喜不

自勝。倪匡最喜方利，無此不歡，請他吃飯，必須備此菜。至於酒，眞是無藍帶，XO不歡，這兩隻酒醉不到他。日本酒嘛，也配胃口，只是不能多喝，日本清酒，兩小瓶，已可醉倪匡半死。因而外出應酬，殊少喝，藍帶、XO爲宜。

倪匡對自己的身形，十分注重，爲啥？貪靚仔是也，體重一定要保持在一百二十五磅以內，絕不可超越。家裏有不少健身器械，每天無論多忙，都會抽上十幾分鐘來一下健身，曾贈我一條銅鏈健身條，叫我拗，十下以後，手酸肌痛，鏈條險險墜地。嘿嘿嘿，冷笑三聲，挑了最粗那一條，1、2、3、4……，連拗三十下，面不改容，賊頭狗腦地朝着我笑。唷，難怪夏天倪匡有膽穿T恤。背肌、胸肌、臀肌仍保持着三十歲時老樣子，健美，壯碩，充滿男性美。

除了吃、喝，倪匡對衣着不止講究，且有品味，夏日愛穿白衣裳，配白鞋，

倪匡年輕時悉心打扮，也着重健身，手中夾着一支煙，便已一副風流才子範兒。

白皮帶，身上T恤，盡是來路名牌，打扮起來，十足十風流公子範兒，自詡「老阿飛」。冬天更誇張，意大利毛衣，脖子上掛一條眞絲白圍巾，兩隻穗頭，隨着步伐，前後飄晃，雋逸瀟灑，我笑他把倪穗（女兒）掛在身上，咪着小眼睛，低低地說：「你怎知道？哈哈哈！」

人老變，變變變！瘦削中年，易身胖胖不倒翁，打扮隨意了，不事奢華，只求順心。可覓食之嗜，依然如故，無魚不歡，肥肉照食，胖就由它胖去，天下美味豈能棄？每見他，隨卽想起壽星公。壽星寓長命百歲，倪匡天地人，加三歲，九十而逝，亦云長壽耳。

倪匡的三個書房

YouTube錄像介紹倪匡書房，套句老話：浮想聯翩，感慨萬千。畫面裏的書房，應係寶馬山時期，面積約二百呎，寬敞通爽，簡潔優雅，這是倪匡第二個書房。最初的在百德新街海威大廈，不能說是書房，充其量是租界，在客廳一處，倚角成房，置一台一桌，每日正午，倪匡伏桌治稿達四、五小時。工作完畢，始喝酒、赴飯局。

洛陽兒女對門居，住在對面的是海派作家過來人（蕭思樓），胖嘟嘟，賬房先生樣兒。兩人常見面，過來人慣叫倪匡作「小倪匡」。《真報》時期，過來人賣文與陸海安，已是名作家，倪匡小巴拉子一個，二十出頭，當個雜工。「小倪匡小倪匡」叫慣了，改不掉。倪匡海量，當不以爲意。過來人告我：

「倪匡這小子，聰明到極，陸海安叫他爲司馬翎補稿，他媽的皮，寫得比司馬翎還好，不到你不寫個服字。」蕭老闆慧眼識英雄，一早看穿倪匡他日必成大器。果如其言，未幾，倪匡晉昇紅作家，聲名蓋過過來人。蕭老闆曰：「這就是命！」

倪匡也曾向我提及過來人，說他是個老好人，好白相到連人家的女兒也養下來。別以爲是調侃，卻是千眞萬確的事實，我親眼目睹。過來人從未正式討過老婆，身邊的女人大多是臨時湊合，這是何行親口說的。後來過老闆身邊有個固定的伴侶蔣文娟，生活就比較正常了。蔣女士結過婚，帶了兩個女兒過門，過來人視爲己出，長女在新加美當小姐，藝名「丹華」，小的莉莉是歌星，駐唱灣畔甘露夜總會。過來人常拉隊捧場「來來來來！捧捧我女兒場！」海派文人無一不應和，連我這個小弟弟也常敬陪末座。莉莉，美人兒，《良夜不能留》唱得不遜原唱佩妮。倪匡偶也賞光捧場，敬佩過老闆豁

達大方，嘗言「我學不到他」。

寶馬山的第二個書房，我閒時會上去坐坐，有兩件事最可記：大約是八〇年，不道何事，上寶馬山，坐進倪匡書房。倪匡倒了杯冰鎮伏特加給我：「小葉，你先坐一會，我寫一段稿，一會跟你聊！」於是他幹活，我啜伏特加，嗆喉嚨，倪匡拋了顆拖肥糖給我。

過了十分鐘，停下筆，打個呵欠，轉過身，道：「小葉，我現在在寫一個小說，非常好白相，叫《追龍》——」

還未說完，我插口：「是不是講吸毒的？」

「亂講！是有關天文現象，東方青龍七宿的七顆星，連成一線，發光發熱，射向地球，造成災劫……。」說者興致勃勃，聽者烏眉瞌睡。見到我一臉死相：「算了算了，我們吃老酒！」

這篇名聞文壇的《追龍》，當時只寫到第八回，還未出現專家們所說的

東方城市毀滅的橋段。那天在書房聊些甚麼？年代暌隔，早無印象。落山時，天邊泛紅，雲霧追纏，有如一條龍。

其次是八八年偕譚仲夏午間上山，有要事商議。倪匡在電話裏推：「小葉呀，我患上膽石，痛得我要死！」電話裏「喔喔喔」叫痛起來，可此事不可無倪君，告以來龍去脈，他就連聲：「好好好，你們下午兩點鐘上來吧！」

進得書房，見了倪匡，譚老幹氣得哭起來。倪匡驚訝了一下，要老譚細說從頭。於是一把眼淚、半筒鼻涕，說出因由。原來作協有人要整他，跑去ICAC（廉政公署）報案，說作協帳目不清，疑有人貪污，矛頭直指老譚。倪匡聽罷，拍桌而起：「荒唐之極，瞎三話四，老譚怎會做出這種事兒？有事開會說嘛，報甚麼廉記！」老譚趁勢而上，求倪匡爲他主持公道。倪匡義薄雲天，拍拍胸，朗聲道：「我一定出席大會！」

翌日，作協上演了一齣倪匡舌戰群儒的大戲，言正辭嚴，豪氣干雲，群

倪匡與兒子倪震、女兒倪穗到海邊時留下合照。

儒辟易，終還了譚老幹一個公道。事件廓情，可作恊從此一蹶不振，名存實亡。

第三個書房設在天寶大廈，面積狹窄，是名副其實的小書房。倪匡日夜窩在裏面，白天寫稿，晚上打地鋪睡覺。我問原因，回說早已跟倪太分房睡了。倪匡要移民，賽西湖大廈的大房子賣了，短租一個小樓房棲身。未幾，倪匡移民三藩市，少見了，友情未斷。近日有人非議我跟倪匡少聯繫，沒資格說三道四，卻不知咱們友情永在心中。不妨錄一段倪匡對我的看法——「沈西城姓葉，卻取

了這樣一個筆名，他年紀很輕（現已古稀），頗英俊瀟灑（今老態龍鍾，不敢窺鏡），卻混跡在父叔輩中，稱兄道弟，老資格也欣然接受，可知其人必有所長（按：連倪大哥也能搭理小葉，小葉當然有所長）。他寫文章，件件皆能，小說雜文電視電影劇本都很可觀（抬舉了，不敢當），而且他有十分難得的性格——一點也不強求，有，固然高興；沒有，也哈哈一笑。這種性格的人，大都不是很肯專心工作，因爲工作大多無趣，娛樂可尋歡愉。」直到目前，怕再沒有人能像倪匡那樣看透我這個壞小子。朋友不必常見，但求心靈相通。

倪匡兄，不瞞你說，我現在懂得強求了，你去了星際之後，我一連寫了好多篇懷念你的文章，強求要做你的小兄弟，可這眞能強求而得嗎？望你今夜告訴我，我欲「尋夢」！

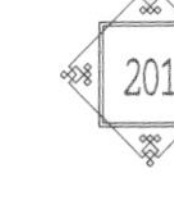

倪匡不爲人知的一面

我跟老朋友說，想寫一篇講倪匡不爲人知的一面。朋友一聽，捧在手板上的高腳酒杯子險險掉下來：「沈……大哥，萬萬不可呀！人死揭私，傷陰騭！」一聽，挨到我吃驚了，眞想不到原來在朋友心中，我竟然是那樣的一個小人。以前寫《倪匡傳》，觸碰了他家人，發行商擔當不起，立卽全港撤回，《倪匡傳》出版僅三日，銷路不到一百，從此不見天日，我引以爲戒。也許是人老，表達能力差，朋友誤會了，以爲我又來鬧事。臉書上有個不大熟悉的書友竟然說「你的率直，倪匡會不高興。」怕說服力不夠，還拉上陶傑、李純恩二友，說他們在倪匡老年時，常有過從，就是因爲他們沒有多說話。哈哈，眞有趣兒，甚麼時候變成了倪匡的代言人？倪匡會有這麼小氣？閣下

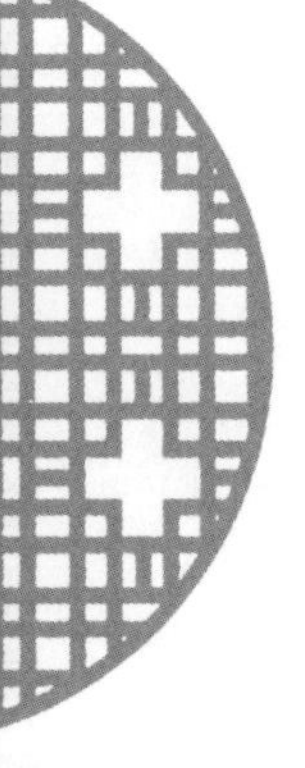

想當然而已，世上多專家。既然人家說白了，我不得不稍說一下，倪匡不獨不會討厭我這種性格，而且還十分喜歡着呢！他說過一句話：「小葉，你不是我的朋友，你是我的弟弟。」成了弟弟，我做錯甚麼，從不指責。我犯了抄襲事件，他一句罵我的說話都沒有，氣量之大，非一般人也。

那爲甚麼我偶對倪匡有不同的意見，卽遭來罵名呢？後來想明白了，那是我不像其他人一樣，一面倒地誇他。

我們生活的圈子裏，某入一旦成巨匠，凡夫俗子就不敢發言批判。回想《倪匡傳》賈禍，我成千夫所指，出版商視我爲眼中釘，紛亂當中，居然有一位前輩走出來講了幾句公道說話，大意是「寫傳記應如此，好壞都說，只要是眞話，不礙事。反之，有失傳意。」這人是誰？便是中國現代文學評論家寒山碧先生。聽了他的話，我似乎在波濤中撈到了一條浮木，不致沒頂。有人跑去求倪匡發言，笑了三聲：「小葉年紀輕，沒分寸，哈哈哈！」我曾

說「倪匡不是作家！」（臉色刷青）下一句「是智者。」（臉露笑容）倪老哥的智慧遠超金庸。

八十年代初期，我偶然會上寶馬山探訪。有一趟，正在伏案寫《追龍》，笑着說：「小葉，這篇文章蠻有意思，你不妨過來看看！」我趨前看書桌上的原稿，看了一頁，發覺在寫天文現象。以他的性格，不可能如此簡單吧！必有因由。賊嘻嘻的笑：「哈哈，小葉，你眞厲害，給你看破了唄，我在寫五星聯連珠的故事。」寫了一會，放下筆，陪我喝「倪匡特飲」冰鎮伏特加，聊呀聊，無意間提到金庸婚姻。

他老哥一向不贊成金庸離婚，立論是男人可以有一百個女人，老婆只能算一個。乍看道理十足，再想有毛病。酒氣上湧，勇氣來了：「不同意不同意！珍惜老婆，就不應該想要有一百個女人。」倪匡哇哇叫起來：「小葉，我難道說得不對嗎？老婆是老婆，情人是情人嘛！」我不讓他，兩個人，你

一句我一句吵着。最後，他扮了個鬼臉：「想想可以嗎？」伸出舌頭，怪模怪樣。還能吵甚麼？喝瓊漿玉液吧！關於金庸的婚姻，我在寫《金庸韻事》時，作過一番調查，結論金庸才是受害者，他的前兩段婚姻，都是女的有負於他，一失德，另一霸道，金庸日子不好過，離婚必然。瓊漿玉液乾盡，戰火又起，不知何時了，氣得倪匡把酒杯摔在地毯上。罷罷罷！下山求去。那麼，倪匡、小葉不來往了嗎？第二天太陽落山，電話來了：「小葉，半個鐘頭後，杜老誌門口等！」一見，相擁抱，昨日事，早已了。我想說對不起，他說「再說是烏龜！」我能做烏龜嗎？

倪匡打三藩市回，爲《蘋果日報》寫《倪租界》，寫了一段時日，身疲力盡，退出租界。某日提筆欲寫文章，竟日不着一字，擲筆三嘆：彩筆飛了，配額用完，當復閒雲野鶴之身，躭家看電腦以察新事物，閱報知世情濃淡。閒事莫理，我自逍遙。偶有小友來訪，嘻嘻哈哈又一日。自絢爛趨平淡，倪

匡足足花上八十多年，喝夠了，玩夠了，平靜是福。

有時感煩悶，電話裏勸他無妨從一系列科幻裏面抽出幾本好書如《尋夢》、《頭髮》、《黃金故事》來作修訂。怪叫起來：「不不不？我不學老查，一本小說改好幾次！」

我又跟他爭論：「沒有人要你學老查，反正配額用完，修改一下消磨時間，不好嗎。而且，新版有版稅，何樂不爲？」

經過一再纏繞，勉強應承下來：「我考慮一下！」過了兩三天，電話打來告以不能改，改比寫更難，於是《衛斯理》永遠沒有修訂新版。

倪匡去世後，我無法參加喪禮，引以爲憾。某日，慕容公子請我喝茶，說了一件事。他說：「沈西城，不要生大哥的氣，其實他很痛錫你，去世前跟我在北角喝了兩趟茶，每趟都提起一個人，就是你。他說：『小葉很聰明，

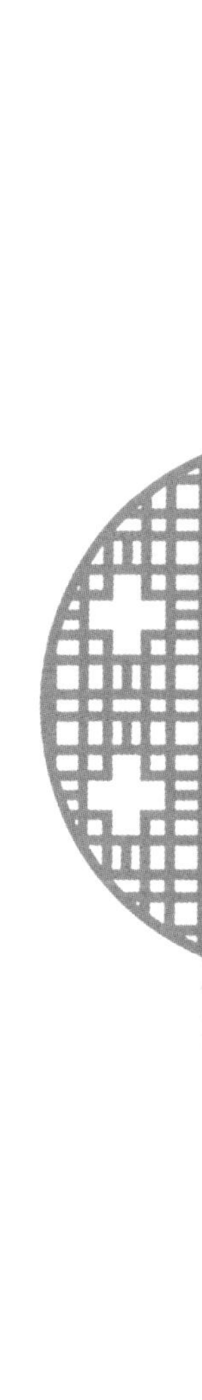

眞的很聰明！』」心一酸，幾乎淌下淚。大哥，你可知道，現在我每個晚上，都在YouTube上看望你的一言一笑，一舉一動，你從沒離開過我！

倪匡戒煙、酒傳奇

天冷，檐前淌雨滴，籠室理故物，舊書裏，掉下一頁霉黃周刊剪報，正題——「倪匡：兩件神蹟使我信奉基督」，副題——「罪已滿戒煙成功復活節台灣洗禮」，時維八六年三月，距今三十四年整。剪報附倪匡照片，身形瘦削，神朗氣清，今則肥胖臃腫，舉步維艱，判若兩人。因而有感不論男女，都老不得也。年輕時，倪匡是俊俏兒郎，到中年，紳士風度，男人味兒，誰會想到老了，變成團團不倒翁？幸而天生的詼諧幽默，機智精靈猶存八分，衛斯理倪匡仍然是衆人偶像、開心果。

倪匡中年時，好酒無量，嗜色膽小。先說前者，誰都知道倪匡酗酒，無酒不歡，惟酒量一般，不僅難敵古龍，一般劉伶也遠勝於他。然而天生酒膽，

苦苦纏人鬥酒，XO、藍帶，骨碌骨碌吞，肆無忌憚，人皆怕之。於是咧嘴笑，狀至得意，只是苦了回家途上，酒液胃中翻騰，一到家門，箭步直竄洗手間，捧着馬桶，嘔吐大作，最終滿傾黃膽水方止。以爲下趟學乖矣，狂飲如故。鎮海硬漢「唔服燒賣」，撇嘴說「吹咩！我使怕你廣東佬？」問酒量若何？當在半瓶XO，逾之，狂態畢露，語出驚人，英語、法蘭西語衝口而出，男士鼓掌，女士臉紅。此時最好莫要跟他對着幹，大哥唄！放他一馬吧！

天下男兒多好色，你、我、倪匡自不免，惟好色不下流。宴會凡有女賓列席，尊重女性，例必讚美不住，見台灣姑娘：「陳小姐，你生得好漂亮喔——」，遇上海小姐：「李小姐，儂迭隻手生得好看！」碰到洋妞又如何？英語有限公司呀！不礙事，小葉，聽着！「Hi, Beautifu!」一言勝萬語。哪到底誰較漂亮？說陳小姐臉蛋完兒美，李小姐素手細巧，洋妞僅一字發言，只消細細咀嚼，高下已分。有一回座上有個相貌平庸的廣東婦，我存心促狹，

要倪匡發讚語。好個倪匡，長於肆應，不慌不忙說「佢屁股豐滿，有福！」天啊！一個平凡過平凡的女人，也教倪匡誇上優點，大佬，你服未？小葉五體投地，佩服至今。

酒乃穿腸藥，倪太一早勸諭倪匡戒酒，借了聾耳陳耳朵，不止忠言不納，越喝越多。八五年夏日，大汗淋漓，我在倪匡書房享冷氣，看書。倪匡伏案，忽地喊：「小葉，我戒煙了！」問為啥戒？鬼頭鬼腦，放下筆：「你猜！」（你心思如許多、怎猜得了？）小葉不猜，舉手投降。倪先生開古：「有位先生叫我戒，這個人我不能反抗。」復治稿。嘩！賣關子，吊胃口。我知倪匡素性、求他，必閉口不言，索性不問，又會自動開腔。果然未幾放下原子筆：「小葉，大哥跟你說個故事，你信不信？」點頭應諾。「有一天，我睡在床上，迷迷糊糊，忽然一把嗓音鑽入耳朵：『你不用抽煙了，你的罪已滿了！』」「誰對你說了？」「笨蛋，那是耶穌啊！」倪匡怪叫起來。我納罕：抽煙喝酒，我們視為享受，原來在

「養命酒，最Fit嘅補酒!」

名作家倪匡話:「我每日臨瞓同食飯前，都飲一小杯養命酒，我胃口好，唔怕冷，又唔易倦，血液循環好，體質又Fit!」

幫助血液循環

消除疲勞 增强體質

促進食慾 調養身體

病後產後進補

港澳總代理：香港貿易有限公司

電話：3-960177-9

養命酒

日本補酒之王

調養生命 促進健康

倪匡嗜酒的形象深入民心，有機會接下養命酒廣告。廣告寫着：「名作家倪匡話：『我每日臨瞓同食飯前，都飲一小杯養命酒，我胃口好，唔怕冷，又唔易倦，血液循環好，體質又 Fit ！』」

耶穌心中，這是對人類的懲罰。（真定假呀？）倪匡是老槍，十六歲開始吸煙，到戒煙前已抽了三十多年。我跟他相交，聊天喝酒，香煙一根接一根，從不間斷。一天要抽幾包？倪匡賊脾氣又來了，賣關子：「你猜？」我回道：「三包吧？」「嘿，四包！」倪匡豎起四根指頭。他抽總督，由頭到尾都咁好味。我非老槍，也抽，抽健牌。倪匡不屑地說：「健牌是女人煙，男人抽，娘娘腔！」分明當小葉是女人了？一日四包，肺不燻壞才怪。可幸聽了耶穌的指引，方能長壽。

深信耶穌言，倪匡半根不抽。三藩市回歸，酒依然喝，只是減量，應酬應酬。倪匡數年前宣佈寫作配額用光不再寫，酒則例外，配額仍存三十巴仙，晚酌一小杯，心臟健康。八三年三月飛赴台灣，身陷水池，牧師施受浸儀式。自此煙全戒、酒半戒，有記者留難：「大哥！色戒乎？」倪匡神閒氣定：「我不會主動找她們，她們找我，沒法子！」記者啞然。目下，毅然棄筆滅色，棲眞斗室，倪老半閒雲半閒。錢不賺了，看誰接班？

倪匡年輕時煙酒不離手，煙戒了後，喝酒的配額仍存三十巴仙。

倪匡曾進軍內地？

是哪一年，哪一日？風不和，日不麗，寒意濃，半身抖。我坐在倪匡半山書房，二百餘呎，平常人家，已屬了不起，哼，比起金庸，大有不如。倪匡聽得我話裏帶刺，大不以爲然，按例三聲笑：「哨哨，他是查大俠，我是倪小郎，天跟地比！」

我聽了，滿腹辛酸，小葉寫稿的地方，是睡房南面靠牆的一張小木桌，桌上一個小煙缸，擱着一根黑煙斗，缸側擺上兩、三支廉價原子筆，抽屜裏埋有一疊從小書店買來的五百格原稿紙，然後每天、一個一個字地爬，藉此換幾文錢，討妻女一笑。哪比得倪匡大哥，伏案時、窗外，鳥語花香，山光景秀，窗內音樂悠揚，煙香裊裊，好比人間勝境。彼振筆是樂，俺爬格是苦，天堂與地獄！

「來來來，小葉，別想那麼多，喝酒！哈哈哈！」倪匡舉杯喝着獨創冰鎮伏特加，笑聲爽朗豪邁透，我則氣若遊絲，點兒底氣都沒有，喲，人比人，比死人！

那天找倪匡，頂着熱氣跑上寶馬山，的確有些事兒。朋友想在內地出版《衛斯理》全集，欲取倪老哥的許可，這有何難？倪匡綽號「貪財烏龜」，有錢賺，管你港幣、人民幣、美金、英鎊、盧布……只要不違原則，大小通吃。側着頭，聽我深情細訴，臉上露出嘉許的微笑（哈哈，凡心動了！）。

「小葉，這可是大生意呵！」頓了一下：「只不過內地一向對我這個人有些少成見（臭美，不是少許，而是大大的多！）。」

我那位朋友，身份特殊，我有信心，轉告倪匡，又是三聲笑，不置可否。

「管他的，大哥，首先，你同不同意？同意，這就辦去！」

倪匡低着頭，沉思有頃，道：「好吧，試試無妨！」

聽了，大喜，市場大，分成大可買房。那時，杏花邨五百呎，不過六十萬，首期十萬，二十年分期，小葉變業主。倪匡一向聲明「不回內地」，這我曉得，他老爺子，十八人大橋也抬他不起。我只要大哥親筆手書一封同意書便可，這不難，教我小坐，舒舒暢暢呷俄國伏特加，自己坐回書桌上，落筆有𩆷聲，須臾，交我一紙，筆走龍蛇，字體端正清楚，有別日常，上款寫着「茲委託沈西城先生（葉關琦）爲本人倪匡（倪聰）全權代理中國內地版權。」文末標明年、月、日，署名，鈐印，送到我手上：「你看看，這可行？」行行行，有大哥署名，甚麼都行。倪匡賊嘻嘻笑了笑，坐回沙發上，喝他的伏特加。我邊喝，邊在作我的春秋發財大夢。

後事如何？怕不用我多說了吧！朋友走盡天涯路，功敗垂成。原來內地出版，必先審查作者作品的內容，繼而是調查其人背景。倪大哥背景嘛，烏墨勒墨，先是逃兵一名，復又長期在反動報紙《明報》書寫《皮靴集》，批判中國

共產黨，這樣的身份，呵呵呵，有啥可能在內地出版小說？發財夢醒矣！或許你會不服氣，問緣何反動報紙頭腦金庸的小說又能全國通行？閣下不明白？我來告訴你，查老闆有鄧主任支持，自然條條大路通羅馬，倪匡本有查大俠眷顧，許社長從旁鼓動，披荊斬棘或可成，只是他老哥牛脾氣，甚麼條件都不重要，堅持要「反共作家」銜頭，那就唯有告吹矣。

「哈哈哈，小葉，我一早就知道不行，可小葉滿腔熱血，只好應酬一下，別生氣別生氣，一會倪匡請你到杜老誌跳舞、喝酒，如何？」於是夜幕低垂之際，勾肩搭背，走進銷金窩。半夕歡樂，甚麼挖塞盡皆雲散煙消。由是倪匡小說從未正式在內地正式登陸過。最近有個小癟犢子，大言炎炎，舉倪匡作品曾登陸內地，並展示兩大套《衛斯理》作品書影以斥我之杜撰。俺一看出版社名號，竟然是延邊出版社和上海出版社，笑得幾乎隔夜飯也要嘔出來。天哪，那是翻版呀（內地稱盜版）。確是出版了，可那不是正版，西城不才，也有不少作品

倪匡《皮靴集》，銀河出版社，一九八七年出版。

給盜版，出版者《甘肅人民出版社》，名稱完全一樣，只是人家十七號，它就挨邊十九號，冒得眞確，眞的變假，假的變眞。小癟犢子教我去告，往那兒告去？（有了WHO，盜版絕跡。）小癟犢子也非全錯，《明報》老朋友吳志標告訴我，的而且確曾經試過在內地出版《衛斯理》，不一陣子就要下架，非關銷路事，而是意識形態有誤，到目前爲止，香港作家能作全國出版者，僅查大俠、張小嫻、李碧華、亦舒等寥寥數人。若干年後，跟台灣新識共樽前，說起倪匡內地出版一事，滿懷高興說擁有倪匡親筆授權書，見我有懷疑之色，卽從內袋掏出一紙，遞與我看。一看，哇噻！竟跟我那張大致雷同。身旁的《遠景出版社》社長沈登恩微微一笑：「朋友，我也有一張哪！」摸出一紙，放在檯上，那三張紙的內容，完全一模一樣。根據包打聽回報，相同授權書在外，不下十數紙哩！倪老大一醉酒就簽，東簽西簽，到底簽了多少張，到頭來，自己也搞不清楚。哎呀，好個老頑童倪老匡，你眞的棒，棒棒棒，棒棒噠！

高手過招 倪匡vs何錦玲

八十年代初的某個秋日黃昏，倪匡忽地捎來電話一通，十萬火急，要我晚上七點半趕到銅鑼灣的小小菜館，問有啥事？聽筒裏傳來幾聲詭秘笑聲：「問那麼多作啥，去了便知曉。」一來好奇心驅使，二則肚皮裏饞蟲蠕動不已，七點廿一分便到埗。貴賓房裏，只有我一個人兒，看手錶七點卅分缺十秒，我開始計時，一、二、三、四、五、六、七……準七點卅分，「倪先生到！」房門打開，閃進好一個白綢上衣、仿麻黃長褲倪匡，坐下，腳一翹，東南西北一瞧：「哈哈，請吃飯的老闆還未到！」我正想問老闆是誰，弄得神秘兮兮的。「小葉，這個老闆你一定得認識，好玩到極！」倪匡喝了口龍井茶，正兒八經地說。

未幾，門外先傳來鞋踭敲地聲，咯咯咯！接下來的便是篤篤篤敲門音。倪匡提氣喊「請進！」門推開，蘭麝撲鼻，香氣襲人，飄進苗條人影。一看，呼吸止了，眼睛瞎了，嘴巴乾了。進來的那位麗人女史，五呎三、四吋左右，不高不矮，穠纖合度，輕搖蓮步，來到倪先生跟前：「倪大哥，勿好意思，小妹遲到哉！」軟軟糯糯，黏黏答答，聽得骨頭酥心兒跳，吳儂細語，正是母親最愛說的蘇州話，尾音長長，餘音裊裊，天下男人競折腰（我也在其內）。倪匡作介紹：「小葉，何錦玲小姐，咱的何大姐，《集成圖書》公司經理、《星島日報星辰版》主編，來自台灣。」「倪先生，別亂說，小編輯罷了！比不上你大作家！」謙虛得教人噤聲。

這時候，何大姐大抵發現了我的存在，白了我眼。倪匡立即介紹：「這個小兒郎是沈西城，青年作家，跟我倆一樣，是上海人。」「好好好！」一連三個「好」，同鄉情誼深：「待會你千萬勿要客氣，喝多些，吃多些。」

倪匡老實不客氣伸手召女侍，送上大瓶藍帶白蘭地。倪匡不耐假他人手，一把搶過，自己開，往酒杯注了大半杯，一口氣喝了三分一，舐舐唇角：「好酒好酒，法國白蘭地就是好！」「倪先生要是喜歡，就盡情喝，可無論如何稿子得給我一篇哦！」一聽要寫稿，淨白的臉皮揪動了一下，正兒八經地說：「我嘅稿費好高喋嗜！」媽的，三個上海人，說甚麼廣東話？你嘅廣東話又唔係好過人！

此時，陸陸續續來了不少女作家：有李默、亦舒、柴娃娃、杜良媞、陳方、小不點……各自舉杯暢飲，一室皆春。眾女作家，你一言，我一語，東家長、西家短，嘈天翻。方枘圓鑿，亦舒素愛跟哥哥拌嘴：「阿哥，你啲稿費點高法？」「總之比你高！」倪匡向我眨了眨眼。如何高法？倪匡往下說：「一個字一個字算，一個字一元！」這還得了？一千字次豈不是一千？」當年這是驚人的稿費，港、台第一。

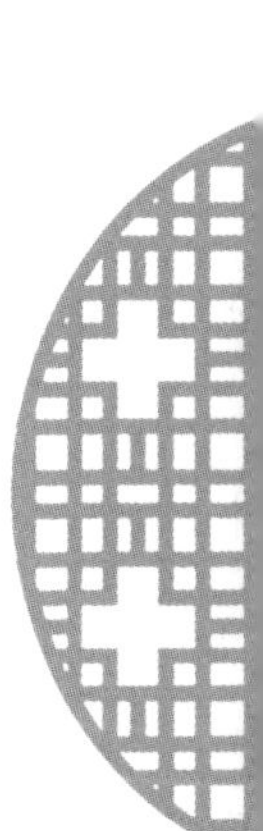

這還不說，請聽倪匡的後續，教你更震驚：「這不過是今天上午的價錢，現在晚上加了，一千字，Two Thousand。」人人聽得到呆住了，即便一向善講稿費的亦舒，也不禁輕輕吁了口氣：「這不可能啊，這麼高的稿費，誰會付？」

何大姐泰山崩於前而色不變，輕輕回說：「說眞的，這不算高，倪先生的文章誇啦啦，物有所值！」倪匡見計得售，喜上眉梢，可接下來的那番話，直令他大大的不爽。何大姐神閒氣定的往下說：「只是——只是我們《星辰》版實在付不起——咳咳咳！」

好個倪匡，聽了，點兒憤怒之色都沒有，輕輕說：「那就拉倒！」倪匡舉起酒杯，一飲而盡。「哈哈哈」三聲笑：「只不過呀！何大姐，我倪匡這個人，做人一向有個規矩，不佔人便宜，喝了這麼好的酒，吃進這麼美味的小菜，總得有點回報呀！何大姐，你說對不對？」何錦玲淺笑如春日風，不

住點頭：「這樣吧，我送你一篇八百字吧，明天下午你找人上我家拿！」「太好了，太好了！」何大姐喜不自勝，臉上泛紅，倒上一杯酒，站起來，向着倪匡敬：「謝謝儂，倪先生。」見我佇立一旁，饒有懇求之意。何錦玲不好意思遞手，道：「倪先生，你也來一段，明午送上報。」衆女作家紛紛舉杯，柴娃娃一飲而盡，陳方淺嚐輒止，房內，喜氣洋溢，有美相伴，咱倪匡哼着「再來一杯，再來一杯，再來一杯，葡萄美酒……」（倪匡自創歌詞）。

高手過招，小葉眼界大開，心領神會，只是仿不到，到現在，還是沒膽子跟老總們談稿費，一直受屈至今。（倪大哥呀，倪大哥，小葉端的不爭氣！跟你這麼久還學不到，窩囊廢！）中夜，席散，隔日起，我就開始爲《星辰》版寫稿。迄今仍有人記得的《梅櫻集》，有個時期便在《星辰》版上排日刊載。何大姐知我喜歡寫短篇小說，就讓我寫了一段時期。我仿照郁達夫，寫了《離散》一系列，風格近似《沉淪》的短篇小說，達夫先生沉淪了，風雨雞鳴夜

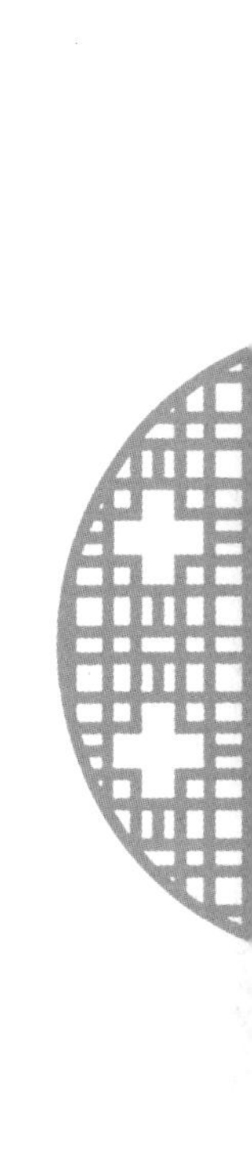

五更，浮雲聚散總關情。結果丟掉性命；沈先生也沉淪了，酒闌人間惶青燈，聚意筆端凝紙上，僥倖還活着。

今夜，月孤氣肅，雷聲隆隆，友人發電給我「八月十日蘇州何錦玲女史仙逝 得年九十二」寥寥數語，重錘撞胸，痛楚歷久不能已，欲哭卻無淚。

倪匡遨遊星際

倪匡仙去後，他的科幻小說誰來繼承？我不才，補筆寫原振俠、羅開，狗尾續貂，不成一格，出版後，通通給我扔進垃圾桶，再不敢揭蓋。也有吃了豹子膽，勇者無懼者宇無名，譚劍等，前後寫了不少，能成器否？尚要待考。宇無名早逝，擔子落在譚劍身上，期他努力。今倪匡走了，香港科幻天地更顯空虛，難怪有人慟哭，有人涕泫。這大可不必，沒有科幻小說，非是末日來臨，咱們收拾殘心，面對將來，天上倪匡當所樂見。

關於小說寫法，倪匡生前也曾跟我說道過，夜雨霏霏，冷風蕭蕭，舉盞對飲，談及小說，倪匡始終認爲「只分兩種：好看和不好看。好看的小說非常簡單，定必要有豐富的情節，鮮活的人物，小說寫得不好看，裏面有再多的學問、

道理、藝術價值，都沒有用。」我問他是否劍指台灣社會科幻小說，笑而不語，啜一口醇醪，強調一名作家的責任，是寫出讓讀者廢寢忘餐的作品。引伸下去，就是不能把作品寫得沉悶呆滯，看得人頭暈腦脹。問：緣何《衛斯理》小說獨缺愛情元素？倪匡罕有地承認缺失：「我的小說中處理愛情不算高明，我覺得愛情故事實在太簡單了，難有甚麼變化……科幻小說跟愛情小說不同，由於情節往往太過豐富，無法多費筆墨去描寫男女主角的感情衝突。」有點道理，我不能完全認同。

倪匡是跟金庸並列的大作家，常有人問「倪先生，如何成爲一個小說家？」倪匡例必三聲哈哈笑，答案都一樣「開始寫呀，即刻寫，不斷地寫，只要開始寫，就越寫越好！」（眞的如斯簡單？I doubt！）小子宇無名曾經問倪匡：「當今香港科幻作者，誰最有潛力能寫到閣下那樣的成績？」答案千篇一律：「寫得勤的，都很有潛力！」講了等於白講。很多人都說倪匡的字體難懂，我

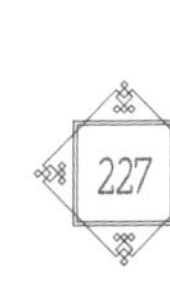

不認同，他的字寫得不錯，而且清晰、對此，倪匡說過：「許多人說看不懂我的字，有專人排我的字，這是虛構的。是那時候一份稿會剪開十多條，幾個人一起排，哪有專人負責？」倪匡謬矣！《明報》排字房領班陳東告我倪匡的字比較潦草，節省時間，我安排固定工友負責。莫非陳東打誑？

倪先生前，八〇年代末吧！作家協會舉辦小說訓練班，黃仲鳴懇邀倪匡擔任講師。倪匡跟學生說：「每個人都想知道小說應該怎樣寫？其實寫小說容易得很，只要有大量沒意思的話。」學生起哄，他們想要聽的絕不是這些廢話，而是胡菊人那樣條分縷析的理論。倪匡三言兩語，簡簡單單，豈能滿足學生的求知慾？大喝倒彩，必也。倪匡曾訂三條寫小說方式：「頭好、中廢、尾精」。有人指出倪匡小說結尾多不精彩，好個倪匡，不慌不忙回答：「只賣數十元的一本書還苛求甚麼？我寫稿並非文藝創作，只是爲了滿足副刊的需要。」不看白不看！寫小說，倪匡，從不打腹稿，不過開始之前，大約的情節總是有的，到正式寫作時，起了變動，甚至會變得面目全非，一九六九年的《湖水》，開始時，打算寫一個「鬼上身」的故事，「後來怕這種想法不能爲當時社會所接受」，硬將故事說成人爲，扭扭捏捏，不倫不類，倪匡耿耿於懷。相隔十年寫了《木炭》，承認有鬼魂的存在，彌補此憾。

提到科幻小說，不少人厚外國、薄中國，說中國科幻小說少，是由於缺乏想像力。倪匡義憤塡膺，罵道：「見你媽的鬼，中國人的想像力一向很豐富，你看《山海經》、《淮南子》等古書，其實就是想像類型的科幻書，後世中國科幻小說不多，主要是中國人不重視科學。既不重視，自然不講求證據與推理，科幻小說也就難生存。」我插嘴：「正因如此，中國的推理小說昌盛不起來，無法追近日本。」倪匡說了聲：「yes」，同意小葉說法。

我在東京時，接觸過松本清張、三好徹、伴野朗等大家，通過相談，得一結論：「日本作家心思愼密，講求條理，松本清張當年寫《點與線》，跑遍東

京都內的電車路線，取其時間差，方能貢獻出名震文壇的傑作。」香港作家焉肯如此，不說主流，推理小說連二流都不及！古稀後，某天，倪匡坐在桌前，握管久不能出一字，以爲一時偶然，翌日、大後日，亦復如是，彩筆飛走，到了頑童倪匡口裏，變成「寫作配額用光」。

倪匡最後一部衛斯理是《只限老友》（我是他小弟，不能看。），可不完整的，眞正最後的小說作品，是替梁鳳儀的《我們的故事》所寫的第一章內容，僅三句話——「一九四九年，中華人民共和國成立。梁鳳儀在香港出生。哈哈哈哈！」二〇二二年陽曆七月三日（農曆六月初四日），衛斯理捨棄地球生活，出發赴星際、去了哪個星球？我們地球人皆不知道，我猜想：按他性子，必四處漫遊，今夕月球、明日火星，後天木星……隨心所欲，逍遙快活，倪匡兄，好妒忌你，小葉還在人間受苦！

倪匡一度移居美國，晚年回到香港，如今已傲遊星際。

研讀衛斯理

上海小友現都管倪匡叫倪老爺子，由小倪匡，倪大哥到倪老爺子，耗去多少個春秋？我不改習慣，一直叫「倪匡兄」。算算相交近半世紀，近年殊少往來，友誼在心中。倪匡著作甚夥，最負盛譽者莫如《女黑俠木蘭花》和《衛斯理傳奇》。前者六十集，後者一百四十五個故事，誠世界紀錄。最近杭州小潘在東南亞某酋長那裏，淘到了第六十一本《木蘭花》——《魔鬼海域》。諸葛慕雲以之跟昔日出版的六十部仔細排校對比，確定「是一篇以前沒有看到過的，以前任何一套木蘭花全集故事，都沒有收錄這一部。」我相信倪匡自己也不知道原來《女黑俠木蘭花》並非六十本，而是六十一本。我更狐疑日後會否有第六十二本的出現？因爲倪匡兄當年氣盛筆健，自己也不知其數。某年某月某日，

《女黑俠木蘭花》港聯發行電影海報。
（出自國立臺灣歷史博物館典藏網。）

第六十一本《女黑俠木蘭花》小說《魔鬼海域》封面。

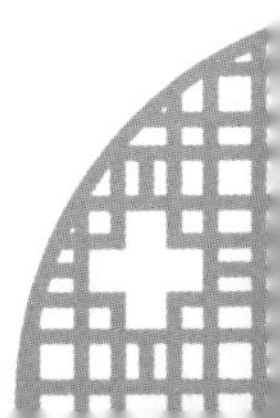

我出示一部小說，是他寫的，詢及內容，搖頭道：「弗記得哉！」小說內容不復記，卻甚少重疊，眞是奇哉怪也。

我嘗以爲《女黑俠木蘭花》源自《女飛賊黃鶯》，倪匡極力否認，還有些不悅地說：「小葉，我寫得比小平好得多！」倪匡兄發火，非同小可，我彎腰打揖，笑哈哈道：「你老說得是！」心底不作如是想。在我寫的《我看倪匡科幻》一書裏，有「以爲木蘭花出自女飛賊黃鶯」之語，竟給倪匡用紅筆刪了。（倪匡崇尚創作自由，他過目的文章，從不橫加斧削，這大概是唯一的例外吧！）

如今，《木蘭花》熱度跌了，論者多以衛斯理爲主，研究者衆。敝帚不自珍，要說到衛斯理專家，咱沈大哥還能算一個！而且是最早論述衛斯理的專家。早在八十年代初，已寫了兩本專門研讀衛斯理的「大著」，便是《我看倪匡科幻》和《細看衛斯理小說》。前者台灣遠景出版，後者香港天聲發行。說來湊巧，兩位出版社老闆大抵都已在地球上消失了。前者遠景沈登恩歿於肝癌，英年早逝；後者天聲鄭雪魂（多詩意的名字，卻是個虬髯客。）負債累累，人間蒸發，打八三年起，迄今已四十一年。道左若相逢，怕亦認不得廬山眞面目。這兩本「大著」其實都是急就章之作，前者四天寫畢；後者稍慢一點，也不外是一個禮拜。形式採自《倪匡看金庸》一書，短小精悍，有捧有批。倪匡說得好，只讚不彈，民斯爲下矣，誰看？這兩本書，寫得稍好的，是對《眼睛》、《頭髮》和《尋夢》的分析，餘因趕稿，平平無奇。因爲偏嗜此三作，用心研讀，寫來得心應手。到目前爲止，《衞斯理》著作中最愛讀的仍然是這三部罕有佳作，尤其是《尋夢》，時空交錯，井井有條，一看難忘。

台灣後來有個葉李華，從心理角度看倪匡，還續寫《衞斯理》，正好犯了我續寫原振俠的老毛病——狗尾續貂。我八年病亂，因而悟得：前人之書，絕不可續。倪匡說過「小葉，你既能寫，何不自創一個人物？」少不更事，不納

《頭髮》袋裝書版本，明窗出版。

《頭髮》初刊時書名為《無名髮》，
封面由徐秀美繪畫。

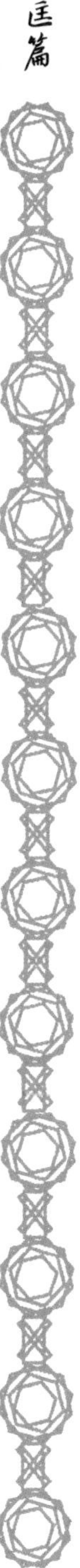

忠言，捱了記悶棍。吃一塹長一智，小說不再寫，專攻掌故，輕輕鬆鬆，自家舒服。近年上海冒出一個小壽頭，署名「藍色手套」（小王），專事研究《衛斯理》，自一四年起到一八年，整整花了四年時間，梳理《衛斯理》系列當中人物腳色，寫成《倪匡筆下的一百零八將》。前幾年豐林出版社重印我舊作，將遠景和天聲二社出版的「大著」合為一冊。我央藍色手套寫一些，他就忙獻寶。看了，嚇一跳，這個小弟弟迷衛斯理呀，迷到昏了頭，居然連衛斯理吃甚麼、穿甚麼？也清楚地勾勒出來，用心之專，治文之勤，沈大哥自嘆弗如。小王工餘有暇，不喝酒唱歌，埋首書房，寫的盡是有關衛斯理的文字。最近出了兩本書，一是台灣風雲文化的《來找人間衛斯理——倪匡與我》；其二是香港天地《倪匡筆下的一百零八將》。倪匡不避嫌疑，序之曰——「小友藍色手套者，衛斯理專家也。對衛斯理故事之熟知，宇宙三名之內，而本人區區在下，反而不在這三名之中，這種怪事，也只有在衛斯理故事周圍才會發生。」隆而頌之，實非瞎捧。

巫術誌異

一向喜歡聽鬼故事，童年時，外婆在天台，讓我們繞半個圈子圍着她，說道鬼故事。這些鬼故事，今日回想起來，覺得不怎麼樣，在那時候，卻聽得毛骨悚然，渾身哆嗦，惶惶不可終日。外婆謝世後，再沒有人跟我講鬼故事，然而那時候，我已懂得看書，在不少明、清筆記如《聊齋誌異》、《閱微草堂筆記》裏，看到許多詭異淒涼的故事。蒲松齡文風委婉多致，紀曉嵐筆調純眞樸實，閱之，皆難釋卷。

這些故事，大體都有一段固定的情節，才子佳人相遇情初定，變生肘腋悲劇生，教人唏噓不可禁。只是這類鬼故事一旦看得多，難免爾爾，不堪咀嚼。爲補此憾，開始閱讀西洋述異一類的書籍，發覺大多鬼怪之事跟巫術有

不可或缺的牽連，淵緣頗深。書籍裏，有不少描述巫術的事蹟，其中當以亞馬遜沿岸一帶與海地境內的巫教，最爲陰森恐怖。據記載，巫教源流、派別不少，有正也有邪。正派者，雖擁巫術，卻懷濟世爲懷之心，以術度人。邪者跟正者相悖，專施陰鷙惡毒巫咒，殺人於千里以外，乘機榨財取利。

邪派巫教中，有不少巫術，說來眞是聳人聽聞，難以置信，其中有利用行屍取人性命，就十分恐怖。西洋巫術以外，南洋一帶，巫術也十分盛行，其中有所謂降頭術，中者如非獲施降者解降，必死無疑。在衆多降頭中，最駭人聽聞的便是「飛降」，聽說可在千里以外取人性命。我曾根據泰國朋友乃差敍述，寫過一篇鬼故事，名字就叫做《飛降》。

香港作家寫鬼故事的不多，女的有張宇，男的便是倪匡。倪匡的香港鬼故事，每篇短短數千字，卻寫得萬二分精彩，往往都在讀者意料之外。其中一篇寫的士司機深宵載客，客要去墓園，誰都以爲乘客是鬼，豈料反其道而

《鬼怪故事》、《聊齋新編》，香港周刊出版社。

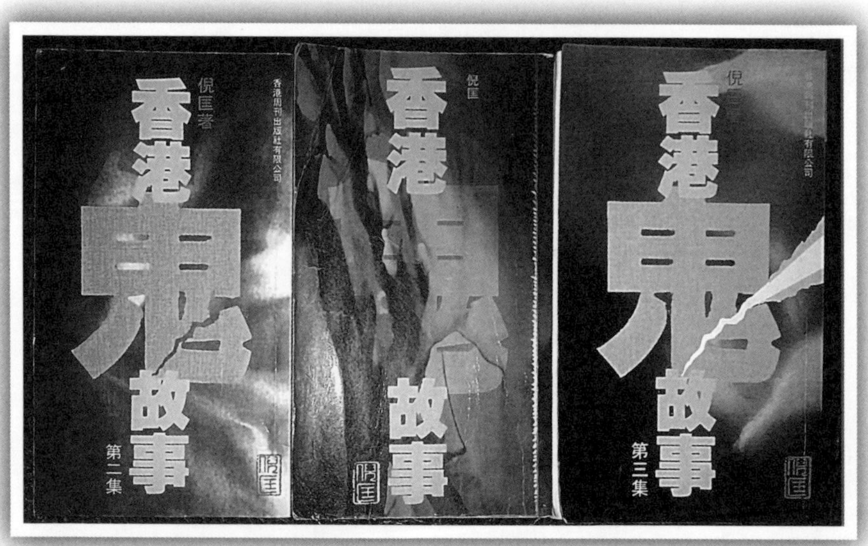

《香港鬼故事》三集，香港周刊出版社。

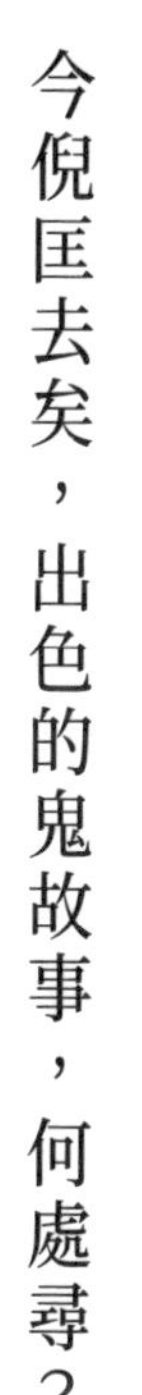

行，原來司機才是鬼。眞眞意想不到，足見倪匡佈局精妙，匪夷所思。鄙意大抵鬼故事每篇都得如此，方爲合格。

今倪匡去矣，出色的鬼故事，何處尋？

鄉愁是一盞燈——追憶古劍

早兩三個月，跟二哥仲鳴午茶，聊到古劍。我問他怎樣了？二哥回道「我也不知情。打電話沒人接。」「還在珠海嗎？」曾有一段時期，去了珠海，風流快活，樂不思蜀。三番四次邀我往訪，怕舟車勞頓，推了。兩個月後，看到孫觀琳老師的臉書，說他已離世。

想想認識古劍怕近三、四十年了，八七年，哈公發起「香港爬格子動物協會」，用意爲香港作家向報館、出版社老闆爭取稿費。

搗蛋鬼倪匡第一個潑冷水：「哈公，這沒用，成不了事！」

「爲甚麼？」哈公氣呼呼：「我們爬格子團結起來，便是一股力量，衆人齊心，哪怕老闆不屈服，哼！吼死他！」

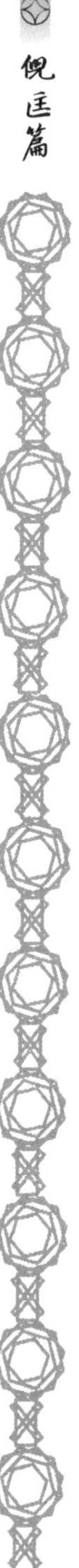

倪匡哈哈三聲笑：「許老國，只怕吼死的是咱們這班爬格子動物，哈哈哈！」哈公死命瞪着他。

「很簡單嘛，你不寫，自有人接手。三蘇怪論，獨步天下又如何？也不是有老兄接了！」哈公噤聲成啞巴。得勢不饒人，倪匡往下說：「我講眞話，在所有爬格子動物當中，唯一接不來的就是——老查，查良鏞，金——庸！」振聾發聵，有如雷鳴。衆皆沉默，所說乃事實，不容否定。

同年，蝦公因癌病逝去，衆人推「哈哈三聲笑」倪匡出任會長，「君子」胡菊人也舉腳贊成，無人反對，請首任會長發言，大喇喇地道：「甚麼爬格子動物協會，上不了檯面呀！太cheap了！（居然說起洋文）我提議叫『香港作家協會』！」語未已，采聲四起。冷東振起起十度女高音：「香港——作家協會——今天成立了——」

那一年我屈打成會員，論資排輩，我何能當理事，奈何倪匡一聲獅子吼「一定要沈西城做理事！」虎威底下，出任康樂組理事。

選舉會中，同座有一漢子，四十來歲，睜着無神大眼，似聽非聽地坐在我旁邊，會開到一半，他已呼嚕入睡。我問身邊二哥「此君是誰？」答曰「大編輯『辜健』是也」，閩籍馬拉華僑，綽號「馬拉古」，筆名「古劍」，乃眞名之轉音，上海華東師範大學畢業，老師施蟄存，同學《假如我是眞的》沙葉新，名教授、名作家銜頭繫身，香港文壇上成有名編輯（曾編《良友畫報》與《東方日報》），那是理所當然的事。那天，跟古劍談論文學，垂沫四濺，疾唾珠璣，十分投契，尤其是解放以後的中國文學，我是隔教，更聽得津津入味，因而有良朋難求之嘆。

古劍歡喜看書，只有一個不良嗜好，就是好搓麻將。倪匡身爲會長，從不理會務，更不干涉我們的私人行動，因而每到週末，作協會所例有兩台麻將，霹霹啪啪，爲人告擾人出清夢，只好移船就磡，跑去波斯富街太湖海鮮酒家組局，馬拉古可樂了，不到雞鳴枕上，不離麻將枱。

四隻搭子，恒例是馬拉古、稿奴（黃二哥）、老實人（楊老四），浪子（沈西城）。我常取笑馬拉古「屁股黏上ＯＫ膠，一坐下，永不起身。」十二圈搓完，已是東方既白。倦了，打道回府吧！「不行不行！」死命要繼續打四圈。二哥胖，精力不繼，馬拉古一巴拉住，近乎哀求「二老哥，好心哩，福心哩！可憐可憐我這個麻將精！」手足情重，只好再打四圈、下不爲例。「ＯＫＯＫ！」漫應着，屁股坐下，手已抹牌。到了下個週末，到了十六圈，馬拉古自毀諾言，一手摟住二哥腰：「黃老二呀，黃老二！求求你再打四圈，好不好？」二哥大搖其頭。眼看軟功不濟，硬功來矣：「黃老二，麻將檯規矩，輸家話事，是嗎？老四！」碰巧楊老四也是麻將精，有牌打，不吃飯也行，點頭如搗蒜。黃老二猶豫未決，馬拉古繼續呱呱叫「浪子，你都想打，對嗎？」虎眼圓睜（嚇壞我），只好和議。續打四圈，中午方散局。這樣不守信用的文化人，香港文壇中只有一個馬拉古。

古劍待我不薄，常拉我寫稿，甚至把地盤讓給我。有一趟，我約好倪匡到麗池家中吃飯，順便邀了馬拉古、Q仔黎則奮、倪匡紅顏知己阿Sam。那天沒有麻將搓，四個男人客廳談文學、電影，至中夜方散去。亡妻爲我們五人拍照，照片裏面，倪匡隔鄰便是馬拉古。睹物思人，黎則奮早已移民溫哥華，倪匡鳥倦知還，二二年去世。紅粉知己，年逾六十，嬌艷如昔。亡妻墓木已殘。後來，馬拉古到《東方》當編輯，跟隱世才子陳泰來共事，都很關顧我，我在《東方》陳泰來主編的「開心坊」一共寫了十多年稿，人人說他難相與，卻不曾嫌棄我的稿子。岔開一筆，我跟《明報》淵源很深，許多人誤以爲我是《明報》員工，其實我不曾在《明報》做過事，金庸怕「小葉坐不住」，只允許我任意寫稿。老實說，當《明報》編輯，薪酬大約四、五千。我在《明報》一筆寫遍所有刊物，每月稿費逾一萬二千，難怪倪匡要說「老查待你眞不薄！」再說馬拉古，香港文壇當中寫散文有水準的，除了

思果，就是我這個老朋友馬拉古。可惜他懶，不肯認眞，否則一定是一代大散文家。他有一篇文章，我記不清楚篇名，其中有一句，到現在還有印象，許之爲千古絕句，就是：「鄉愁是一盞燈」，此刻，說這話的人走了，鄉愁之燈當也熄滅了。

情色三大家

「小葉，天下最難寫的小說，便是情色小說。」許多年前，倪匡如此說。我不以爲然，與之辯：「還不容易，男女調笑，床第纏綿，玉帛相見，不就是了？」倪匡眨眨小眼睛：「這麼容易？你就寫來看看！」不服氣，疾筆五千字請教。一看，哈哈大笑：「這哪是情色小說，簡直下流肧，赤身裸體，純賣色情，難動人心。」碰了一鼻子的灰。

倪匡有傑作《浪子高達傳奇》，先刊《迷你》，後出單行本。我看到的是《妙手神偸》，署名魏力，性愛描述細緻深刻，露而不藏，觸動官能。倪匡問我有何看法？小弟不才，哪能跟大哥相比。友人龍俊榮分析倪匡情色小說——「情節也有分層次，浪子高達，性愛場面寫得白；原振俠，唯美描述

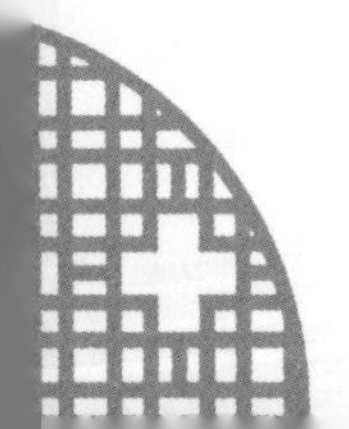

不少，多以暗場交待；亞洲之鷹羅開，介乎二者之間，不露骨，細味底下，卻又清晰明瞭，高超之極。」文中提及我曾翻寫《浪子高達》，有澄清必要，我僅在《翡翠周刊》用洛人爲名寫過一篇，之後，難以爲繼，因而坊間冒牌《浪子高達》跟我無關。

其實倪匡最喜寫情色，衛斯理、原振俠等小說，或多或少有所牽涉，不如浪子高達那樣放，亦足扣人心弦。老朋友依達，乃六、七十年代最紅的愛情小說作家，可也有寫情色小說，彼以韋韋筆名撰述《威威李私記》，描述花花公子泡妞，在《新報》連載時，我每日追看。初時不知出自他之手，老總黃朗秋告我，不由大吃一驚，很難想到依達跟韋韋是同一個人，《威威李私記》有單行本，爲羅斌賺了不少錢。《威威李》雖好，我較偏愛用梵爾筆名所寫的短篇《四柱圓床》，刊於沈寶生名下的《藍寶石》，筆描尤物，紅唇軟吻，雪腴霜膩，斜欹圓床，眼波流，半帶羞，官人我要，人兒酩然，欲罷難休。

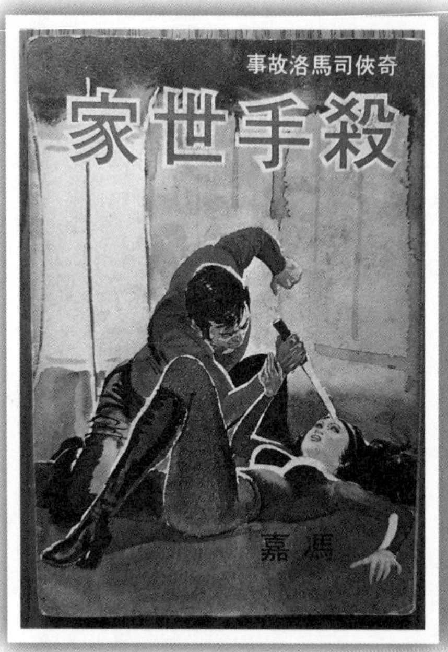

馮嘉的《奇俠司馬洛故事》、依達（韋韋名義）的《威威李私記》均是長壽作品。

浪子高達系列的《大寶藏》、《寶刀》中含有情色劇情。

倪匡、依達以外，還有馮嘉，《奇俠司馬洛故事》，名重一時，偶寫情色小說，也是一把手，石崗的艷情，不看是損失。我看過一本短篇小說《一見鍾情》，品味咀嚼，尤勝司馬洛。現今香港，情色小說早已委靡不振，倪、依、馮三大家，係我素識，俱逾古稀，斜陽下，尚可官能否？（註：除依達外，其餘二者皆已逝。）

富作家與窮作家

人總喜富而厭貧，好！還是先說香港有錢的作家吧！

第一，必然是武俠小說大家金庸，浙江海寧查家係名門，金庸承其後，在香港辦報、寫小說，身家估計二十億港幣，要死快勒，嚇煞人！有人持異議「金庸辦報賺銅鈿，講到小說收人，不如倪匡！」此言差矣，金庸十多部小說不比倪匡百多部衛斯理多，可要知道，金書厚，定價高，不獨風行香港、台灣、東南亞和外國華人圈子，七十年代中，鄧主任一言，即能在內地發行。哇！這還了得？天文數字唷！估計版稅收入以億元人民幣計，倪匡難與比。有了錢，小屋搬大屋，先是渣甸山，後更上一層樓，移居山頂道一號巨宅，那是香港房價最高的地區，一個平方呎，好幾萬。查大俠素性重居不重穿，初識君，衣着簡

襆襤褸，篇幅不修。後經賢妻阿 May 督促，方始變身，仍不能廁身作家時尚時裝行列。

其次者自是倪匡，老頑童乃傳奇人物，別的作家闖文壇，或多或少遇投籃之苦，好一個倪匡，風調雨順，從未遇過。一投中鵠，之後百發百中，打投《工商日報》，到《明報》止，寫字數千萬，因而自稱世界寫字最多的人（依我看，確是事實，可入健力士大全）。他寫小說，範圍廣衍，科幻、武俠、奇情、情色、推理，無一不包；後更兼寫劇本，收入自然誇啦啦，不得了。七、八十年代，稿費收入，每月已近二十萬，後改寫劇本，先是兩萬一個，因電影大賣，水漲船高，升至五萬、八萬甚至十萬。倪老爺寫劇本，有兩個原則，第一，出門不認貨，例不修改；第二，一手交錢，一手交貨，銀貨兩訖。曾對我說：「小葉，有人找我要劇本，我一律勿推，花花鈔票人人愛，沒人嫌多，對勿？人家聲明要快，趕戲。『All Right，沒問題，一個禮拜你來取。』來人聽了，兩眼翻白，以爲我吹牛皮。不怪他，別的編劇嘛，至少一個多月，嘻嘻！」一個星期？有沒有騙我？半信半疑而離。

一星期後登倪府，果然交貨。我翹起大拇指，讚不絕口。倪匡笑瞇瞇：「老實說，我四天已寫好，怕人說我拆爛污，且把它收諸抽屜多三日，哈哈哈！」眯着小眼睛，一派得意。收入豐，支出大，財來財去，晚年雖不致清風兩袖，拍馬追不上金庸。

再數下來，必然挨到怪論名家三蘇，原名高雄，作家柯靈之侄，浙江紹興人，魯迅同鄉，同鄉三分親，筆觸最相近，尖酸刻薄，嬉笑怒罵，仇者痛，親者快。文筆不依常規，教人意想不到，寫稿如車衣，右手握管，左手拖拉，一個小時，四千五百字，等閒事兒，可跟快筆倪匡比肩。稿費特高，家在半山天后廟道華廈，環境優美，佈置雅緻，三蘇安享晚年。

當然少不了愛情大家依達，原名葉敏爾，上海人，寫的愛情小說如《夢妮坦日記》、《垂死天鵝》等，六、七十年代風靡香港少男少女，一字千金，難怪買得起太古城豪宅，晚年隱居珠海，不問世事。

窮作家嘛，一大籮，一百根指頭都數不完。先說說我的老大哥蕭銅，北京通，胡金銓籌拍《龍門客棧》，京腔都要請教他。不說不知道，蕭銅乃京劇專家，崇京派鄙海派，有些頭巾氣，自台歸港，諸事不順，家居湫隘，只好把茶餐廳當辦公室，一瓶雙蒸，半包花生米，邊吃邊寫，怡然自得，卻不知惹侍者厭。稿費低，要多寫方能餬口。九五年，家中一場大火，燒光書籍也奪了蕭銅老哥寶貴性命。

可憐吧？不，比他更不堪的多得是，詩人柳木下便爲當中一人。柳木下學問好，性格乖，詩在香港本已不屬主流，何況柳木下寫的苦澀深奧，那就更賣不了錢，只好揹着載滿舊書的布包，找朋友幫襯：「老兄，這是我花了不少心血才覓得的，如今有急用，希望你能買下。」看他可憐，朋友紛紛解囊，一、二十元，小意思。隔了一段時候，不見影蹤，朋友們念叨了：「阿柳去了哪裏啊？」總盼着他的來，可阿柳沒有來，他像煙一樣地消失了。

臥龍生不如倪匡

在《武俠世界》撰寫小說的作家，論名氣、作品深度，首推臥龍生。他爲《武俠世界》寫小說長達二、三十年，一位作家跟雜誌的關係如此深長，罕有！

臥龍生原名牛鶴亭，河南鎮平縣人，一九三零年端午節出世，相熟朋友都叫他「臥龍」。臥龍生當過兵，沒打過仗，身體羸弱，看書自娛，讀而優則寫，五五年始習寫武俠小說，無非是些老套路，武林爭霸、恩怨情仇，不脫舊日窠臼。五七年，臥龍生以祖居南陽臥龍崗作筆名，漸爲文壇認識。第一部作品《風塵俠隱》，投稿《成功晚報》獲刊。五十年代的台灣，經濟不振，民生困苦，當兵月薪五十四元，做個老師不外九十元。臥龍生登上報壇，成

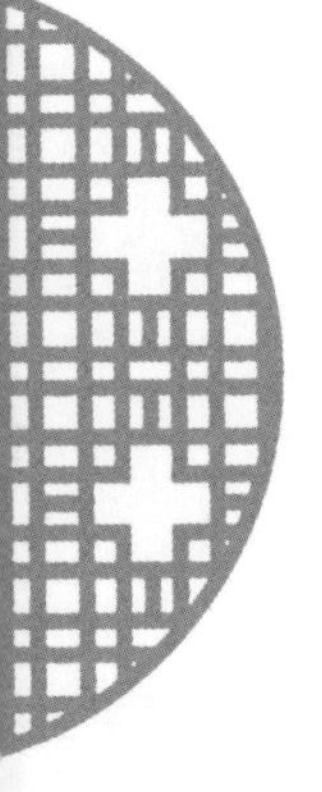

爲作家，每千字十元台幣，一個月居然有二三百元的進帳，爲當兵的六倍。於是兵不當了，改業全職作家，稿費每月逾千。

治稿手快、蕭齋多暇，臥龍生迷上聲色犬馬，跑舞廳、逛酒家。掌故大家燕青這樣描述他——「臥龍生初履歌台舞榭時，遇到第一個使他傾倒的舞國名花叫做金黛。當時凡是時常到舞場消遣的人，金黛的大名確是無人不知，無人不曉。臥龍生初履歡場，便遇到這樣的一位高手，又焉能不神魂顛倒？金黛一眼看到這個劉姥姥，已經心裏有數，只是一面之識，曾經幾度摟腰狐步，金黛便帶臥龍生返回香閨談心。美人恩重，臥龍生受寵若驚，金黛在有意無意之間，提及客廳中的沙發已經殘舊，使到貴客坐得不舒服，深爲抱歉。臥龍生聞弦歌知雅意，第二天便買一套價値八千五百元台幣的舶來品高級沙發，吩咐店家送到金黛的香閨去。」出手豪闊，富翁不如。

臥龍生的小說，人皆推五九年的《飛燕驚龍》爲首選，《武俠世界》亦曾

《金劍鵰翎》，漢麟出版社。續出的下集改書名爲《岳小釵》。

《飛燕驚龍》上中下三冊，一九六七年，春秋出版社。

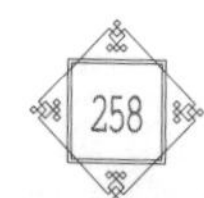

連載，易名《仙鶴神針》，筆名亦改成「金童」，何故如此？有段插曲，是羅斌親口告訴我的。《武俠世界》創刊於五九年四月，不到數月，已爲香港武俠迷必讀周刊，銷路大暢，因而引起金庸的垂涎，辦起《武俠與歷史》來。爲求打開銷路，發載《飛狐外傳》、金庸出馬，誰與爭鋒？羅斌心顫膽跳，左思右忖，相中臥龍生那部《飛燕驚龍》。使出絕招「舊瓶新酒」，翻新可也。臥龍生寬宏大量，只求稿費可收，凡事可商量，於是《仙鶴神針》開始在《武俠世界》連載，筆名「金童」跟「金庸」同音，如此一改，畫出彩虹，《仙鶴神針》大受歡迎，羅斌乘時以《仙鶴港聯》名義開拍同名電影，聲勢更盛，一下子擋住金庸的攻勢。

臥龍生晚年接受訪問時說：「我的小說，我自己喜歡的有《飛燕驚龍》、《素手劫》和《金劍雕翎》。」有人粗略計算，市面上有一百多本簽名「臥龍生」的小說，他親身闢謠：「其中只有三十九部爲我所寫，其餘均爲僞作。」

台灣武俠評論家推許臥龍生對武俠小說有三大貢獻：其一，承傳了新北派各家的長處，既有還珠樓主變幻莫測、仙氣豐盈、靈丹妙藥、玄功絕武和奇門陣法；復有鄭證因的幫會組織，風塵怪傑；更令人叫絕者，居然傾情悲劇小說有王度廬況味，間中還夾雜着朱貞木別開一面的衆女追男的情節，可說是民初北派小說的「大雜燴」。其二，臥龍生不少武俠名著，寫各派爭奪秘笈，正邪相鬥，絲絲入扣，成爲六十年代台灣武俠小說的普遍模式，影響深遠。其三，卧龍生的武林九大門派和排名的說法，稍次於《射鵰英雄傳》，卻是一石擊起千層浪，到今日，仍有不少後進武俠作家爭相仿效。

臥龍生和諸葛青雲可說是一對難兄難弟，手握一管，寫出彩虹，又不甘於現狀，偏要跑去做生意，結果一敗塗地，碰得一鼻子灰。臥龍生拍電影、電視，虧多賺少，於是從青雲直墜地獄，變成兩袖清風，晚年更是百病纏身。身爲好友兼老闆的羅斌，心如刀割，長長嘆口氣道：「寫文章的人，通常犯了兩

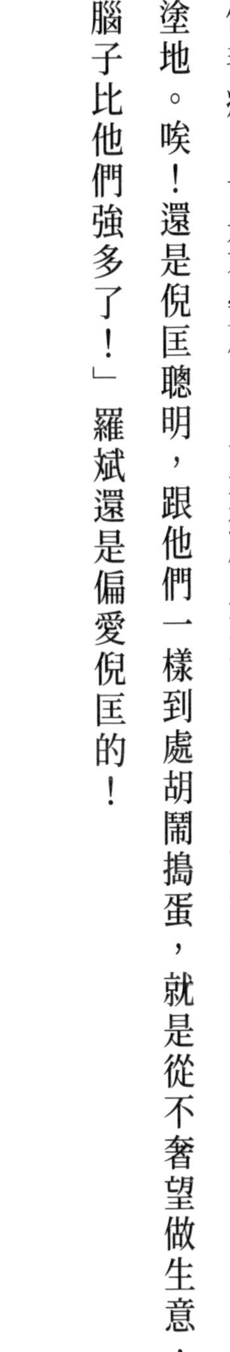

個毛病，一是不安份；二是想做生意。文人哪懂做生意，結果嘛，搞到一敗塗地。唉！還是倪匡聰明，跟他們一樣到處胡鬧搗蛋，就是從不奢望做生意，腦子比他們強多了！」羅斌還是偏愛倪匡的！

淺說金、梁、倪三大家

《武俠世界》創刊以來，供稿的小說家，恆河沙數，計之不盡。出名的有：倪匡、臥龍生、諸葛青雲、張夢還、司馬翎等等，至於那些文名未顯的，更難細數，清單一張十尺長。有專家說《武俠世界》網羅港台所有名家，有點誇張，至少香港兩大新派武俠小說開創者金庸，梁羽生就未納其內。原因何在？簡略言之，金庸貴爲《明報》老闆，身價自不同，從不爲別家刊物撰稿；至於梁羽生，隸左派陣營，御用作家，豈容旁人沾手？就連老同事金庸求助也被拒。金庸跟我說過初辦《明報》，曾欲拉攏梁羽生，以雙劍合璧，天下無敵，業必有成，不意吃了癟。梁羽生幾經考慮，婉拒金庸好意。事後，梁羽生對友人說：「不是我不想幫老查一臂之力，而是我家食指浩繁，萬一有甚麼差池，我會陷入困

境。好馬難吃回頭草啊！」晚年梁老頗有悔意，非欣羨金庸發大財，而是盼能如他一般地享有更大創作自由和空間。梁老女徒楊健思老師告我：「金庸寫韋小寶，鬼馬多端，機智狡黠，一下子擁七位如花似玉美妻，床上調笑，春色無邊。梁老那兒就不能這樣寫了！」事實上，梁羽生風趣幽默，平日愛開玩笑，遠比金庸逗趣。

梁羽生跟金庸是好同事、好朋友，和倪匡卻少有交集。原因是倪匡曾公開批評梁羽生——「梁羽生的小說不好看，我看不下去。」直性子的倪匡毫不容情地批判梁羽生的作品。身為名家，份量自不輕，的而且確影響了不少讀者閱讀梁羽生小說的興趣。梁羽生的小說眞如倪匡說得那樣不堪一讀？非也非也！舉《七劍下天山》、《白髮魔女傳》、《萍蹤俠影錄》三書，已是擲地鏘鏘有聲，有哪一點不如金庸作品？惟一生要為稻粱謀，成書三十餘套，水準自是參差不一，影響整體水平。然而僅傳世的那三本，已足為後學捧誦，專家鑽研。

眾所周知，羅斌不太喜歡金庸，原因有二：一是同行如敵國；二則是和金庸撬走羅斌愛將倪匡有關。

倪匡出身《眞報》，本爲小雜役，有一天碰巧台灣武俠小說家司馬翎斷稿，老總陸海安急得像鍋上螞蟻，問報社中人誰能代續？名作家龍驤不敢請纓，餘者噤聲，獨小倪匡舉手說：「老總，我能！」一看是個小雜役，哪放心上！陸海安望着倪匡說不上話來。好個倪匡拍拍胸脯，朗聲道：「我來寫，先寫兩段讓老總過過目，好伐？」陸海安見情急勢危，姑且一試。第二日，倪匡呈上四段續稿，陸海安一看，嚇了一大跳，居然嚴絲合縫，毫無破綻、當下錄用。後司馬翎續稿到，陸海安愛才，問倪匡能寫長篇武俠小說否？倪匡天不怕地不怕，馬上答應。於是便有了年輕武俠作家「岳川」，文筆流暢，橋段曲折，很快吸引讀者注意，同時也勾起《新報》老闆羅斌的注目，竟開出高昂稿費拉他寫文章。倪匡遵命如儀。這就造就了香港奇情小說大家魏力，一系列的《女黑俠木蘭花》。

倪匡用魏力筆名撰寫《女黑俠木蘭花》，第一本《巧奪死光錶》千字十元起，一路寫至千字百元，仍未饜足，要求再加。這已超過羅斌本身負荷，商議不果，舉手投降。倪匡投奔羅斌對頭金庸。由是羅斌不滿更大，從此你爭我奪，相鬥不休。

五九年四月羅斌辦《武俠世界》，金庸見獵心喜，也來軋一腳，翌年一月發刊《武俠與歷史》，以之打對台。爲求一挫對手，親撰中篇連載《飛狐外傳》，大師椽椽之筆，如泰山壓頂，勢不可擋，《武俠與歷史》銷路紅火，直逼《武俠世界》。羅斌左思右忖，心生一計，拉攏台灣名家臥龍生，購其《大華晚報》連載《飛燕驚龍》，易名《仙鶴神針》，更命臥龍生改筆名爲「金童」，「童」，「庸」發音相近，擾人耳目。爲求一擊卽中，銳意創辦電影公司「仙鶴港聯」，開拍《仙鶴神針》，一集接一集，賣座空前，於是馬君武（《仙書》男角）之名，不遜郭靖，市場上金、羅平分春色。六十年從頭說起，白頭宮女話玄宗。

倪匡，愛你，也恨你！

利文出版倪匡的書，過程曲折有趣，這得從倪匡被截稿說起，堂堂大作家被截稿？千眞萬確，施辣手者正是《東方日報》副社長周石。

七十年代中至九十年代初，倪匡創作力旺盛，每年大約出版二至四部科幻小說，包括《衛斯理》和《原振俠》，《衛斯理》在《明報》連載，《原振俠》發表於《東方》。某天我去貴州街東方報社交稿，周石忽然對我說：「倪匡的小說，我想停一停。」聽了大吃一驚，倪匡的小說也要停，哪還有甚麼好的小說可登？問原委，周石攤攤手：「千篇一律，了無可觀。」我首次聽到有人說倪匡的科幻不過爾爾，吃驚程度不下美國投原子彈於廣島。於是，原振俠就在《東方》副刊消失了。

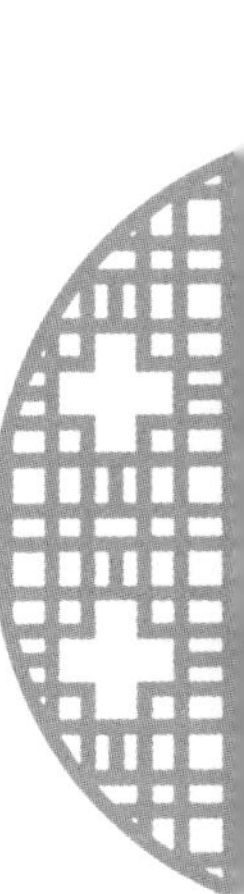

後來，我問倪匡，哈哈三聲說：「我要《東方》大幅度加稿費，不捨得，截了！」（註：這一點存疑，當年馬老闆原待作家，出手不會吝嗇。）我說絕不可讓原振俠消失，倪匡皺眉頭：「我寫，不成問題，可登在哪裏？」其時我在《天天》出版社上班，靈機一觸，說：「倪匡兄，我想想法子。」於是向社長韋邦推薦。「那太好了，歡迎歡迎！」韋邦喜不自勝。「不過，倪匡兄的稿費不便宜，要八千塊一個月。」我有些擔心。好一個韋邦，眉頭不皺，爽快答應。倪匡在《明報》的稿費是九千，八千元寫《天天》，天大優惠。我有點兒弄不明白，倪匡一向是貪錢烏龜，怎肯吃虧？倪匡笑言：「小葉，《天天》賺錢不及《明報》、《東方》，自然要少一點！」嗎呀，盜亦有道。

台灣遠景沈登恩因出版諾貝爾文學全集背巨債，拖欠倪匡版稅，屢催不果，收回版權，轉投皇冠。平夫人瓊瑤倒履歡迎，不惜工本包裝、宣傳，將衛斯理推上一層樓，不出三個月，全台灣，人人都知衛斯理的大名。大約是八三年，

天聲公司老闆鄭雪魂招呼我在他的出版社暫住，我倆常結伴到寶馬山倪匡豪宅作客。一次倪匡嘆息，埋怨明窗出書太慢，版稅給得不夠快，雪魂進言：「何不找其他出版社試試？」倪匡道：「跟老查談過，他說若有人一次過跟他買下《衛斯理》，他就讓我過檔！」要多少錢？倪匡眉頭一皺：「大概一百萬！」嘩！一百萬買出版過的書，不划算呀！挨到雪魂皺眉頭：「大哥，可否分期付款？」倪匡一聽，格格笑起來：「阿鄭，你當買棵菜呀，這筆錢可不是我收呀？還有，老查實可能是一時之氣，一旦分期，分分秒秒會收回成命。」鄭雪魂素是機會主義者，不想錯失良機：「我想法子，三天內給你一個回覆。」倪匡道：「那好，我等三天。」回到天聲，撥電話，笑逐顏開：「好了，約到老闆！明晚七點，北角麗華樓。」

七點正，麗華樓走進了兩個人，一個身材矮小，深色西裝，鼻樑架金絲眼鏡，態度從容，一個年輕，高大憨厚，滿身陽光。小伙子說：「這是我們老闆葉鴻

輝！」鄭雪魂大喜過望，雙方握手，坐下喝了口茶，言歸正傳，利源書報社葉老闆表示對倪匡的科幻小說大有興趣，可一下子拿一百萬買舊書，着實有點兒擔憂。我說：「可以重新包裝——」鄭雪魂插口：「還有嘛，倪匡會繼續寫，有新作問世，新帶舊，銷路一定不成問題。」葉老闆沉吟片刻：「這事我回去開會問一下董事們的意見。」鄭雪魂怕節外生枝，說：「葉老闆，我們可以合作，三七分，我出三十萬。」葉老闆當下沒作聲。兩日後，回電說希望能跟倪匡親自聊聊。

我和雪魂陪着葉老闆往詣倪府，倪匡手上捧着酒杯把跟金庸之間的協議細細說了遍，葉老闆聽了說：「我有興趣，但這樣龐大的數目，還得董事會通過。」倪匡急性子：「不能拖了，再拖，老查會變卦。」又過幾天，葉老闆沒回音，我打電話去問，訕訕地說：「董事會不答應。」就這麼一句，平白錯過賺大錢的機會。若干年後，葉老闆感喟地說：「若當年我們膽大一點，現已賺個好幾

百萬了。」不是你的錢，不進你口袋，有啥好說。

彼此有緣，自有合作機會，倪匡跟博益因版稅問題，鬧得不很愉快，想移師別處，轉告葉鴻輝，大喜過望：「我來！」我嗆他：「不用開董事會了嗎？」葉白我一眼：「這種小事我拿不到主意，還了得，嘿！」跟倪匡一說，一拍即合，水到渠成。這本小說就是《通神》，是利文出版的第一部倪匡科幻小說，自此打開合作之門。嗣後，《亞洲之鷹羅開》便由利文作系列式出版，合作有愉快，也有痛苦。

先說愉快吧，首先，倪匡交稿快而準，絕不拖延，作品有一定水平，銷路有保障，封去蝕本門；痛苦嘛，眞難爲了老葉。倪匡賣文規矩，鐵價不二，先錢後貨。出版《通神》，亦復如是，先收版稅，五千本，抽百分之十五。其時，單行本大抵定價二十元，百分之十五，一本三元，五千本，即一萬五千元，不能說少。葉老闆呱呱大叫：「哪有這樣的規矩！」對曰：「倪匡規矩，勿來事，

拉倒！」一急，上海話出口。葉老闆乖乖就範。兩個月後，葉主動搶先付版稅。第一種痛苦熬過，別開心，第二種痛苦接踵而來，稅項由貴社負責。最後，還得應付倪匡的舉債。「老葉呀，我是倪匡！」一通電話打到葉老闆辦公室，老葉瑟瑟發抖。三大要求：出版快一些；多付兩、三期版稅；清理稅項。後兩項要求，數目不在小、通常都是十至二十萬港幣，葉好爲難，忍不住吐苦水：「阿沈呀，你介紹倪匡給我，是幫了我，可同樣害苦了我，唉——」長長嘆口氣：「倪匡呀，我愛你，也恨你！」

金庸與倪匡 II

沈西城 著

作者
沈西城

出版人
銀匯有限公司
地址 九龍彌敦道 328 號儉德大廈 12 樓 H 座
電話 (852) 23856125
傳眞 (852) 27700583
電郵 siyuan@netvigator.com

承印者
雅聯印刷有限公司
地址 香港柴灣利衆街 35-37 號泗興工業大廈 8 字樓

發行
一代匯集
地址 旺角塘尾道龍駒企業大廈 10 樓

責任編輯 譚美儀
美術設計 中平
排板 漫讀文化

版次 二〇二四年十一月初版
國際書號 978-988-76928-1-2
定價 HK$ 138 NTD 520

Printed and Published in Hong Kong.